档案管理实务

宋徉 王静 郝静 ◎著

中国出版集团 现代出版社

图书在版编目（CIP）数据

档案管理实务 / 宋徉，王静，郝静著. -- 北京：现代出版社，2023.11
ISBN 978-7-5231-0634-1

Ⅰ．①档… Ⅱ．①宋… ②王… ③郝… Ⅲ．①档案管理—研究 Ⅳ．①G271

中国国家版本馆CIP数据核字(2023)第210965号

著　者	宋徉　王静　郝静
责任编辑	毕椿岚

出 版 人	乔先彪
出版发行	现代出版社
地　　址	北京市安定门外安华里504号
邮政编码	100011
电　　话	(010) 64267325
传　　真	(010) 64245264
网　　址	www.1980xd.com
印　　刷	三河市宏达印刷有限公司
开　　本	889mm×1194mm　1/16
印　　张	10.75
字　　数	243千字
版　　次	2023年11月第1版　2023年11月第1次印刷
书　　号	ISBN 978-7-5231-0634-1
定　　价	78.00元

版权所有，翻印必究；未经许可，不得转载

前　言

　　档案管理工作是用科学的理论和方法管理档案，提供档案为各级党政机关、社会组织和个人服务的工作。档案管理工作的基本任务是收集齐全、妥善保管、整理加工和开发利用各种门类和载体的档案，不仅为档案形成者的各项管理工作服务，而且应承担起记录历史、传承文化的社会重任。

　　档案管理就其基本性质和主要作用来说，是一项融管理性、服务性、政治性于一体的工作，是各项事业顺利发展的重要保障。目前，社会对档案需求的满足程度主要取决于档案管理水平的不断提高。因此，档案管理工作要实现新的发展必须依靠创新理念，进一步提高管理水平，应用科学手段达到资源利用的高效率和组织目标的高效率的高度统一。档案管理工作者要主动学习世界先进的管理思想和方法，学习先进的技术设备的操作，并将其与档案管理工作很好融合。在这样的努力之下，档案管理工作必将有效利用更多有价值的档案信息资源，为读者提供高质量、高水平的服务，实现档案工作的科学化、规范化与现代化。

　　随着档案事业的不断发展，档案的种类和数量急剧增长，给保管和利用带来一系列问题。因此，档案管理需要新的理念和方法。本教材主要研究档案管理实务，本书从档案管理基础介绍入手，针对档案管理的内容、传统文件档案及其管理、声像与实物档案及其管理进行了分析研究；另外对档案信息资源管理、档案安全管理做了一定的介绍；还对档案管理的发展提出了一些建议；旨在摸索出一条适合现代档案管理工作创新的科学道路，亦可作为档案管理方面的教材。

　　在本书写作的过程中，参考了许多参考资料以及其他学者的相关研究成果，在此表示由衷的感谢。鉴于时间较为仓促，水平有限，书中难免出现一些谬误之处，因此恳请广大读者、专家学者能够予以谅解并及时进行指正，以便后续对本书做进一步的修改与完善。

目 录

第一章　档案管理概论 ·· 1

　　第一节　档案 ·· 1

　　第二节　档案管理 ·· 9

　　第三节　档案管理新视角 ··· 14

第二章　档案管理的内容 ··· 19

　　第一节　档案的收集与整理 ······································· 19

　　第二节　档案的鉴定与保管 ······································· 24

　　第三节　档案的检索与编研 ······································· 28

　　第四节　档案的利用与统计 ······································· 31

　　第五节　档案管理的研究对象 ····································· 34

第三章　传统文件档案及其管理 ······································· 38

　　第一节　文书档案及其管理 ······································· 38

　　第二节　科技档案及其管理 ······································· 41

　　第三节　人事档案及其管理 ······································· 47

　　第四节　会计档案及其管理 ······································· 52

第四章　声像与实物档案及其管理 ····································· 59

　　第一节　照片档案及其管理 ······································· 59

第二节　录音、录像档案及其管理 …………………………………… 67

　　　第三节　实物档案及其管理 …………………………………………… 73

第五章　档案信息资源管理 …………………………………………………… 77

　　　第一节　档案信息资源的整合 ………………………………………… 77

　　　第二节　档案信息资源的挖掘 ………………………………………… 88

　　　第三节　档案信息资源的开发与利用 ………………………………… 96

第六章　档案安全管理 ………………………………………………………… 107

　　　第一节　档案馆公共环境与安全监控 ………………………………… 107

　　　第二节　全网安全管理 ………………………………………………… 115

　　　第三节　档案数据安全治理策略 ……………………………………… 128

第七章　档案管理的发展 ……………………………………………………… 135

　　　第一节　档案管理创新与服务模式 …………………………………… 135

　　　第二节　电子档案管理模式 …………………………………………… 139

　　　第三节　建立档案数据库 ……………………………………………… 146

　　　第四节　建设数字档案馆 ……………………………………………… 151

　　　第五节　建设智慧档案馆 ……………………………………………… 158

参考文献 ………………………………………………………………………… 164

第一章　档案管理概论

> ★导读：
> 　　档案是档案管理活动的物质对象，也是档案学研究对象的基础。要科学地管理档案和研究档案学，就必须对什么是档案、档案的属性、档案的价值与作用、档案的管理等问题进行一些探讨。
> ★学习目标：
> 1. 学习档案方面的知识。
> 2. 认识档案管理工作。
> 3. 了解档案管理新视角。

第一节　档案

一、档案的基本含义

档案定义的基本含义有以下三个方面。

（一）档案是各种机关、组织和个人在特定的社会活动中形成的

档案的重要特点之一，就是这种历史记录材料的产生和积累始终根源于特定的形成单位以及它自身所进行的职能活动，由此而形成的记录材料之间有着密切的历史联系。对此，可以从以下两点进行具体分析：

1. 档案来源于一定的基本单位

它来源于独立从事活动的政府机关、团体、部队、企业、事业单位和个人。在一个独立的机关里，档案又往往以其内部机构为单位有秩序地形成并不断积累。从法律的意义上说，档案是法人和自然人在其自身活动中形成的。档案的来源极其广泛。

2. 档案来源于形成者特定的社会实践活动

机关单位在执行各种职能任务的过程中，每处理一件工作、办理一起案件、召开一次会议、进行一项科学技术活动等，都必然相继产生许多相应的原始记录材料，并陆续将其有条理地积累起来。因此，档案记录了大量的事物，内容极其丰富，而且一定内容的档

案又有密切的历史联系。

（二）档案是保存备查的历史记录

各机关单位和某些个人在自身活动中，为了相互交往和记录事务，总要产生和使用许多文件材料，又称"历史记录材料"。由于工作的持续、事业的发展以及留传后世等各种需要，人们又把日后仍须查考的材料有意识地留存下来，这就成为档案。但是，并非一切历史记录都需要和可能成为档案。档案是由作为原始记录的文件有条件地转化而来的。文件转化为档案一般须具备以下三个条件。

1. 办理完毕的文件才能归入档案

正在承办中的现行文件不是档案。文件具有现行效用，档案一般是完成了传达和记述等现行使命而留存备查的历史文件。从这个意义上说，文件是档案的前身，档案是文件的归宿。所谓办理完毕是相对而言的，主要是指完成了文件处理程序，不能理解为一切文件都要把文中所说的事情全部办完。承办完的文件，也并非都是失效的文件。文件办完存档之后，按其行政和法律效力来说分化为两部分：一部分失去了现行的效力，但仍有档案的保存价值；一部分仍具有现行文件的时效，如办完签署的有效期未满的合同、协议书、公证书等。一些法规性、指导性文件，虽已归入档案，但并没有失去其行政和法律效用，它具有文件和档案的双重作用和双重属性。

2. 对日后实际工作和科学研究等活动有一定查考利用价值的文件才有必要作为档案保存

各项社会实践活动中形成的大量文件不能全部作为档案保存。处理完毕的文件，一部分随着现行办事功能的结束失去了存在价值而被淘汰，一部分仍有查考价值而被选留转化成档案。从这个意义上说，文件是档案的基础，档案是文件的精华。因此，"有文必档"是不必要的，必须重视文件的鉴别选留。

3. 按照一定的规律集中保存起来的文件才能最后成为档案

文件是逐日逐件形成的，比较分散和零乱，只有整理、积累、保存起来，才能成为档案。未经整理、零乱无序的历史文件虽然也属于档案的范畴，但不是典型的、科学意义上的档案。现代一般档案就是经过整理立卷和归档集中保存起来的文件。从这个意义上讲，文件是档案的因素，档案是文件的组合。因此，归档和集中保存既是文件转化为档案的程序和条件，也是一般的标志和界限。

总之，档案是处理完毕的、具有查考价值的、集中保存起来的文件（历史记录），这是档案定义的最基本含义。档案和现行文件，从它们的社会职能来说各不相同，从它们的内容和形式的构成来说则是统一的。档案管理的许多方法都与文件的形成历史和文件本身的特点有直接关系，为了管好档案，必须下功夫研究文件，特别是要掌握文件的来龙去脉。

（三）档案是直接的历史记录

档案是直接的历史记录，或者说档案是历史的原始记录。档案不同于一般的历史遗物，它是以具体内容反映其形成机关或人物特定活动的历史记录，具有很强的记录性，因而具有很高的查考价值。档案又不同于一般的信息资料，它是特定的形成者在当时当地直接使用的原始文件的转化物，不是事后编写或随意收集的材料，因而具有原始性的特点。所以，档案具有集原始性和记录性于一体的特点，以此鲜明特点而区别于其他资料。

档案最初是作为办事工具，为处理当时某种事物的需要而产生的。由于事情办毕之后仍有用处，所以才保存起来成为档案。从这个意义上说，档案是处理事务过程中遗留下来的"副产品"，它是人们进行社会活动的自然产物。但是，档案的最后形成，即文件材料的归档，则是人们有目的地选择和保存起来的，以备日后查考和研究之用。从这个意义上说，档案又是人们在处理事务过程中有意识形成的副产品，是人们在社会实践活动中自觉整理保存的产物。

总之，档案作为历史的原始记录，以其原始性和记录性及其二者的统一而见长，所以具有优于其他材料的不可取代的重要作用和价值。

二、档案的属性

档案的属性是指档案在社会中所表现出来的固有特征、特点。档案的这些特征、特点是多方面的，它既具备特有的基本属性——原始记录性，也具备许多文献资料共有的一般属性——信息性、知识性等。档案的主要属性有以下几个方面。

（一）原始记录性

原始记录性是档案的基本属性。

档案是人们从事社会实践活动的记录材料转化而来的，是历史的原始记录。它直接、客观地记录了形成者的真实活动情况，具有原始记录性。历史是怎样发展的，人们是怎样活动的，档案就怎样记载，所以无论从形式上或内容上都表现了记录性和原始性。在形式上，档案直接记录和保留着原来活动的历史面貌，如发文原稿留有当时人的笔迹和签字、机关和个人的印信以及客观形象的照片、录像或原声的录音等，表现了高度的原始记录性和事实的确凿性；在内容上，无论是指示、通知、请示、报告等各类文件材料，都真实、客观地记载着当事人的思想、立场或当时活动的真实情况，不论是正确的还是错误的，甚至是歪曲篡改事实的，都被真实地记录和反映出来。因此，档案是真实、可靠的历史凭据，是查考历史事实最令人信服的依据和信证。正确认识档案的原始记录属性，对做好档案工作具有实际指导意义：

第一，正确认识档案的原始记录性便于划清档案与图书、报刊及其他资料的界限。

档案与图书、报刊等资料是有区别的。档案是原稿、原本的第一手材料，是一种文献；图书、报刊等资料是根据某种需要编写、收集和复制的，是二、三手材料。加强这方面的研究与比较，有利于区分档案与资料，重点保管好档案。同时，又要重视资料的收集和保管，以辅助档案的提供利用。

第二，正确认识档案的原始记录性有利于认识档案与文件的联系与区别。档案是由历史记录或文件转化而来的，所以今天的档案就是"昨天"的文件，而今天的某些文件就是"明天"的档案。档案工作人员为了管好档案，必须掌握文件的来龙去脉，熟悉文件的内容和形式等各方面的特点。档案管理的许多方法都与文件的形成历史及文件本身的特点有关，所以档案工作者要下功夫熟悉和研究文件。

第三，正确认识档案的原始记录性有利于维护档案的真实面。档案是历史的真迹，后人不能按现时的观点和需要去改变档案。对于一切破坏档案原貌，随意勾画、涂抹、添加和剪裁档案，公然违背历史唯物主义，捏造与颠倒历史的违法犯罪行为，档案工作者必须同其坚决斗争，以维护档案的真实面貌。

（二）信息性

在当今社会，"信息"这个词普遍地见于生活和科学之中。其作为日常用语，是指音信、消息。其作为一个科学概念，表述是多种多样的。在不同学科中，它有不同的含义。在档案学中，我们可将它简单理解为消息、情报、知识、数据、资料的泛称。

档案是一种信息，是国家信息资源的重要组成部分。一个机关的档案，记录着本机关开展工作或进行生产活动的信息。国家全部档案，记载着整个国家从古至今政治的、经济的、科学的和文化的等各个方面的信息。档案信息与其他信息一样具有一般信息的共性，即既可以扩充、浓缩、扩散、分享、替代等，也可以收集、传递、存储、检索、处理、交换利用等。另外，它还有自己的特点：

第一，原始性和真实性。档案信息是用文字、图表、声像的方式将人类从事的社会实践活动直接记录在一定载体上，是原始的固定信息，能使事物的原貌和真相再现。因此，它以原始性、真实性为人们提供依据性、凭证性的信息，是"一纸千金"的无价之宝。

第二，中介性。档案信息是直接信息和间接信息的统一，处于"中介状态"。一方面，它不断存储、积累信息；另一方面，它又是信息源，不断输出传递信息。它处于中介状态。如果"中介"受阻，该存储的信息得不到存储、失不复得，该提供的得不到提供，就会影响档案信息的传播利用。

第三，面广量大，内容丰富。档案信息上至天文、下至地理，大到国家、小到个人，无所不包。它与人们的社会实践活动同步产生，随着社会的发展与日俱增，是取之不尽、用之不竭的信息源泉。

第四，回溯性。档案信息不同于现行文件信息，而是作为过去的记录和信息，在一定意义上传递利用。但是，这不影响它的价值，因为人们的活动不能割断历史，而是在继承前人智慧和成果的基础上有所创新和发展。当然，档案信息分散零乱，须加工整理才便于使用。

我们认识了档案的信息属性，就能进一步明确档案在社会主义现代化建设中的重要作用，从而重视档案工作，努力做好档案工作。因此，我们必须把档案信息资源收集、存储、开发利用好，使档案信息资源及时、准确、高效地传送到利用者手中，充分发挥档案信息在社会主义现代化建设中的重要作用。

（三）知识性

知识是人类对自然和社会运动形态与规律的认识与描述，是人们在社会实践中积累起来的经验和知识的结晶。档案之所以需要世代流传，就是因为它记录了丰富的知识，可供人们参考。

档案作为知识的一种载体和存储形式，有以下特点：

第一，原型性。档案是人们社会实践活动的原始记录，直接记录着人们实践活动的经验，记录着人们对客观事物、现象的认识，是人类的知识成果。所以，档案是知识储存的一种原型形式。在人类社会文明历史中，如果没有档案，便失去了连续地、全面地直接记录和积累知识的原载体。人们的许多知识及图书、情报中的一部分知识来自档案。从这个意义上讲，档案是其他文献知识的源泉。

第二，孤本性。档案作为记录知识的原稿、原本，往往只有一份，这也是档案外在形态上区别于其他文献资料的特点之一。档案的孤本性是不可替代的，这也是档案具有权威性和真实性的重要原因，使它特别珍贵。但是，它也有不足之处。因为同一份档案在同一时空之内只能供一人使用，这就使知识的作用不能得到充分发挥。要想克服孤本利用中的时空局限性，就得使原型知识转化成二、三次文献知识，再加上现代化的技术和手段，进行有效传递。

第三，继承性。知识是有继承性的。档案记载着前人所获得的知识，凝聚着人类共同创造的文明成果，值得后人学习和借鉴。在社会发展的长河中，人们要进行工作和生产活动，总要以昨天的终点为起点，在前人知识的基础上继续发展下去。在这时，档案起到了重要的接力棒和阶梯的作用。如果每代人都从零开始，人类社会就不能有所进步和发展。

知识的继承性有赖于积累。档案的社会功能之一，就是它是人类积累知识的一种有效手段。经过一代又一代，日积月累，档案成为历史和知识的宝库，通过利用服务这种特定的方式，使利用者从查阅档案中获取所需要的有用的知识，帮助人们征服自然，调整社会关系，创造新的知识。所以，档案作为记录知识的一种载体，对人类知识的继承和发展有着重要作用，也是人们获取知识的一种重要途径。

三、档案的价值与作用

（一）档案价值的含义及其决定因素

在人类文明社会中，档案之所以需要保存并世代流传，其生命力的根基，就在于它具备特有的价值和作用。关于什么是档案的价值和作用，在档案学和档案工作术语中基本上具有等同的含义，都是说档案有什么用处。通常讲到档案的具体用处时多使用"作用"一词，从整体上和理论抽象上讲档案意义时多使用"价值"一词。也就是说，档案的价值就是档案在人们认识和改造世界中的意义或对实践活动的作用。档案价值观是档案学理论中的一个重要问题，因此弄清构成档案价值的因素、档案作用的表现、档案发挥作用的规律和特点等问题，对档案实际工作是十分重要的。

决定档案价值的因素有许多，归纳起来有两个方面：客体因素和主体因素。所谓客体因素，是指档案本身的有用性（价值性）。所谓主体因素，是指档案利用者的需求。承载知识、信息的档案材料可以满足人们的各种需要，这种客体对主体需要的满足表现出档案价值的属性。档案价值的实质，是档案对社会实践活动的作用，即人们在认识世界和改造世界中的意义。

档案的属性是多方面的，利用者的需要又是各不相同的，因此体现在两者的价值关系上是错综复杂的。古今中外对档案的价值和作用的看法和说法是多种多样的。要真正在实际意义上把握档案的具体价值，则必须从档案自身和社会需要两个方面入手，具体分析档案自身的有用性和社会在什么情况下使这种有用性转化为现实。

（二）档案的一般作用

上面讲到档案的价值是由档案自身的价值属性与利用者的需求关系来体现的，而利用者的需求则是由人们的社会实践活动决定的。人们的社会实践活动主要表现在机关工作、生产建设、政治斗争、科学研究、宣传教育等方面，所以档案的具体作用也就体现在这些方面。

1. 机关工作的查考凭证

党政机关为了有效地开展活动，必须全面地掌握情况。档案是机关活动的历史记录，它可以为机关开展工作、进行决策提供依据和咨询材料。只凭记忆往往有失准确，而且时隔日久也难免遗忘。无档可查或有档不查会使工作难以处理，造成很大损失。充分利用档案，有助于计划和决策的科学化，有利于克服官僚主义和盲目性，提高机关工作的效率。

2. 生产建设的参考依据

档案中记载了我们的前人在各种生产活动中的情况、成果、经验与教训，可以作为工农业生产和经济管理的科学依据和参考材料。大量的实践证明，充分利用档案，对加强科学管理、避免或减少损失、促进生产力发展、提高经济效益具有直接的作用。

3. 政治斗争的必要手段

档案中记录了社会、阶级、政治、法律等方面的情况，可以作为阶级斗争的工具。在我国近现代的大量档案中，记有国内外敌对势力的许多罪恶活动以及中国人民进行革命斗争的有关情况和历史事实。这些都可以作为党和国家从事政治斗争的可靠依据和锐利武器。

4. 科学研究的可靠资料

无论是自然科学、社会科学还是其他科学的研究，都必须详细地占有材料，才能据以潜心研究，探索事物发展的规律。档案可以为科学研究提供大量的科研记录、实验材料、观察材料及理论概括材料，为科学研究创造必要的条件。

5. 宣传教育的生动素材

档案翔实地记载了人们创造历史的曲折历程和奋战足迹。它既记载了人民群众同大自然和社会邪恶势力搏斗的胜利，也反映了国家和民族的危难和遭遇。利用这些档案写回忆录、著书立说、进行文艺创作、举办各种展览等宣传教育活动，都具有强烈的说服力和感染力。

（三）档案的基本价值

上面我们已经讲过档案的作用和价值是多方面的，但就其作用和价值的性质来说，概括起来，只有凭证价值和参考价值（情报价值）。这是档案作用的主要特点和档案价值的基本结构，又称为"档案的基本价值"。

1. 档案的凭证价值

档案是原始记录，是历史的真凭实据，具有法律效用。档案所以有凭证作用，是由档案的形成规律及其本身的特点所决定的。首先，从档案的形成看，它是原始形态的文件，是当时、当地、当事人留下来的记录及未经过任何人改动的原稿和原本，直接地记录和反映了当时人们的思想和活动，可靠性较强，是令人信服的证据，具有无可争辩的证据作用。其次，从档案本身的物体形态来看，它记录着形成者留下的历史真迹，如手稿、笔迹、印信、照片、录音、录像等。因此，档案在维护历史面貌、评断各种纠纷、查明史实、办理案件、维护国家主权和领土完整等方面都具有凭证作用。

2. 档案的参考（情报）价值

档案不仅记录了历史活动的事实经过，而且记录了人们在各种活动中的思想发展、生产技术和政治斗争的经验教训以及科学研究和文化艺术中的创作成果。因此，它对人们查考既往情况，掌握历史材料，研究有关事物的发展规律，批判和继承历史遗产都具有广泛的参考价值。

档案作为参考材料的主要特点是它的原始性和较大的可靠性，是难得的第一手材料，具有更大的真实性。同时，我们必须看到，档案的真实性和可靠性是相对的，应辩证地看待。从总体来说，档案是原始记录，是可靠的历史材料。从具体的档案文件来讲，由于阶级斗争的复杂性和人们认识的局限性等原因，有些档案文件所记述的内容并不符合客观实际与历史事实，有些甚至是歪曲和捏造的。因此，不能认为凡是档案上记载的都是真实的。但是，这并没有改变档案原始记录的属性，它还是如实地表述了当事人的意图，留下了当事人的行为痕迹，反映了当时的历史情况。就此而言，档案仍不失其真实的记录性。

（四）档案发挥作用的规律

档案作用和价值的发挥是有一定规律的，通过对其研究，有助于科学地管理好档案，充分发挥档案的作用。

1. 档案价值的扩展律

档案作为机关工作和生产活动的条件，在一定时期内，首先是档案的形成者需要经常查阅。这种利用者的初始利用，通常被称为"原始价值"或"第一价值"。这时社会上其他单位利用档案的需求不突出，这也是档案形成者保存和积累档案的主要动力。随着时间的推移，形成者利用档案的要求逐渐减弱，社会其他部门的利用需求却在增强，档案的作用已由形成者扩大到社会。档案对于形成者以外的这种社会作用被称为"第二价值"。档案工作者要以辩证的观点认识档案的作用和价值，正确处理好第一价值与第二价值、局部与整体、当前与长远的关系，不能认为本机关不用的档案就没有用处了而将其销毁；也不能只顾本单位需要，长期保存在机关而不向档案馆移交。档案馆在接收档案时，也要考虑不要把机关经常使用的档案过早接收入馆，造成机关利用的不便。集中起来的档案不能只顾眼前利益，不注意保护原件；也不能只考虑长期保存，而不顾当前的提供利用。

2. 档案机密性的递减率

从整体来讲，档案是一种历史材料，一方面它具有社会性，需要对外开放；另一方面，有些档案又有一定的机密性，具有内向性，需要保密。所以，要处理好档案的内向性与社会性、保密与开放的辩证统一关系。一般来说，档案的机密性随着时间的推移和条件的变化而发生变化。一般情况是，档案形成时间距今越近，机密度越高，内向性越强；距今越远，机密度越低，社会性越强。也就是说，档案的机密度与档案形成时间的久远成反比。明确了这一特点和规律，我们就既要看到档案的机密性，注意保密，也不要形而上学地把档案的机密性看成固定不变，而应随着时间的推移和形势的变化，不断地合理地调整密级，逐步扩大档案的利用范围。

3. 档案科学文化作用的递增律

长期以来，档案既是阶级斗争的工具，又是进行生产和繁荣科学文化的必要条件。随着社会的发展，档案从更多地用于阶级斗争逐渐转为更多地用于经济活动、科学研究和文化教育等各项事业。从新中国成立以来档案工作的发展中已大致看出如下一种规律性：档案更广泛更长远的作用，总是从主要服务于阶级斗争移向主要服务于经济建设和科学文化事业。因此，必须打破思想僵化状态，适应全党全国工作重点的转移，充分发挥档案在社会主义现代化建设中的作用。

档案的作用是客观存在的，但处于静态的档案的作用又是潜在的，使潜在价值变为现实的直接价值要受到一定条件的制约。

（1）受社会条件的限制。社会发展水平、社会制度以及路线、方针、政策等，对于利用档案的需求和可提供利用的程度有很大的制约作用。

（2）受人们社会档案意识的影响。多年档案工作实践经验证明，档案作用的发挥是随着人们社会档案意识的提高而逐步扩大的，凡是对档案的作用有足够认识的单位，档案作用的发挥就好；反之，就会造成工作、生产的困难和不必要的损失。

（3）受管理水平的限制。档案发挥作用的重要条件之一，就是要用科学的方法把档案管理好。如果档案管理不善，那么档案的作用只能是潜在的因素。同时，还要逐步实现档案管理的现代化，努力提高档案的现代化管理水平，采用先进技术，使档案的重要作用在社会主义现代化建设中充分发挥出来。

第二节　档案管理

一、档案管理的多元结构

现代化的档案管理，就是运用现代管理模式与先进的信息管理技术，改革原有的管理模式与手工管理方法，以提高档案部门的工作效益与工作质量，更好地提供档案信息为社会利用的行为或过程。档案管理可以从技术层面、档案运动过程等多种角度来区分其结构模式。

（一）档案管理技术与档案管理结构

从档案管理技术层次来考察档案管理，可以概括出以下系统结构：

从这一流程来看，档案信息处理与管理的技术分别是：

第一，运用计算机技术处理档案信息。

第二，利用海量存储技术存储档案信息。

第三，多媒体技术与档案信息多元化管理。

第四，利用现代通信技术和网络技术进行档案信息的交流与传递。

第五，利用自动化控制技术实现档案库房自动化管理。

（二）从档案运动过程上考察，对档案管理分别从三个阶段进行设计与管理

首先，是前档案阶段即文件阶段的管理阶段，这一个阶段是对文件信息的控制与处理，是以往办公自动化系统设计与考虑的。

其次，是机关（单位）阶段的档案信息处理阶段，是目前各机关（单位）的文档一体化系统，包括电子文件管理系统解决的问题。具体包括辅助立卷、自动编目与检索，建立局域网络，实现机关单位内部包括档案信息在内的所有信息的共享。

最后，是档案馆档案管理阶段，目前主要实现的是档案的自动著录和标引、档案数据库管理、档案信息光盘存储系统、缩微存储系统、档案信息检索系统、多媒体管理系统、档案库房自动化管理系统等。

以上从技术层面与档案运动过程等角度区分的两种档案管理结构是相互关联的，如每个运动过程的文件或档案管理与控制都需要计算机技术、通信技术、自动化技术、网络技术和海量存储技术等现代科技的支持；而每项技术都能在每个运动阶段的档案管理中发挥重大作用。

二、档案管理现代化的概念

近年来，世界科技革命的浪潮冲击着社会生活的各个方面，改变着整个社会的面貌，档案管理也无例外地受到了深刻的影响。如何迎接这一挑战，实现档案管理现代化，成为我国档案工作者当前和今后相当长时期内面临的重大课题，成为我国档案管理的发展方向和必然趋势。

什么是档案管理现代化？这似乎是一个非常明确的概念，而且简单到不需要解释的程度，所以我国目前所有的档案学术语词典都未对这个概念作过定义或其他表述。然而，由于档案管理与含义十分广泛的"现代化"一词联系起来，这就使得"档案管理现代化"这个概念变得非常灵活了。另外，由于我国还有一些长期以来就使用的与档案管理现代化相关的其他概念，如吴宝康教授主编的《档案学概论》，使用过"档案工作现代化"的概念，有些档案学书籍上则使用"档案管理自动化"来表示档案管理的技术革新，因此，对于档案管理现代化，在我国档案界实际上存在着仁者见仁、智者见智的现象。我们有必要首先明确"档案管理现代化"这个概念本身所代表的含义与特征。

要全面认识档案管理现代化，首先得确定把档案管理现代化放在什么意义或哪个层面上。放在不同的层面上去理解，档案管理现代化会有不同的含义。如档案管理现代化既可以是技术方法，也可能是管理理念；既可能是一种状态，也可能是一种效应；既可以是一种管理环境，也可以是一种管理机制。

《档案计算机管理教程》（"21世纪档案学系列教材"之一）一书指出档案管理现代化属于管理现代化，而"管理现代化就是把管理工作信息化和最优化。其具体含义：一是把现代科学技术综合、全面地运用于管理活动之中；二是当前的现代化管理技术主要是指计算机技术等；三是管理现代化的目的在于使管理工作趋于完善，并使整体功能和效率提高，达到优化"。进而认为，档案管理现代化至少包括三个要素，即档案管理中使用了现代化的技术、档案管理者掌握了现代科技知识和建立起了科学的管理机制。因而，这一教程对"档案管理现代化"进行了这样的概括："档案管理现代化是指用科学的思想、组织、方法和手段，对档案工作进行有效的管理，使之获得最佳的工作效率、经济效率和社会效率。"

除教材中的观点外，还有一些长期研究档案管理现代化的专家提出了对于档案管理现代化的认识。如有专家认为："档案管理现代化总目标的最佳效果，就是最大限度地保护档案，延长档案的寿命；最大限度地开发档案信息资源为社会各界服务。"并指出管理现代化的主要特征：一是系统化，就是整体的各个组成部分为达到一个总目标，按照统一计划而行动；二是定量化，就是把复杂系统中的变量及相互关系，用数学形式表示出来，建立数学模型，进行定量分析，预测未来或调整方向；三是信息化，就是广泛地使用计算机，对大量有用信息进行收集、分析，利用反馈信息进行预测和决策；四是智力化，就是现代化管理十分强调人的作用，注意开发管理人员的智力，充分调动人的主动性、积极性和创造性，要求组织机构具有应变能力，充满活力和高效率，以适应错综复杂的变化情况或环境。

为了突出说明档案管理现代化以现代技术运用为主体的内在意义，在本书中，档案管理现代化是定位于由先进的管理理念和管理技术支撑的一种管理环境，建立这种管理环境的目的在于比传统档案管理产生更大的社会效益和经济效益。因而，档案管理现代化除了档案信息处理管理技术现代化外，还需要包括档案管理思想的现代化、档案业务规范标准化、馆藏结构合理化、馆网建设科学化、档案信息服务社会化、档案人员专业化等。

三、档案管理现代化的内在机理

档案管理之所以要实现现代化，有其深刻的内在因素和外在因素，既有其必要性，也有其可能性。

（一）档案管理现代化的必要性

从内因上考察，实现档案管理现代化的根本目的是解决传统的档案管理手段和方式越来越不能适应日益发展的客观需要的矛盾。具体表现为：

第一，传统的档案管理方式与档案收藏量增加及载体形式多样化之间的矛盾。

档案的数量随着历史的延续而增长，这种增长势头是多方面因素造成的。首先是人类对于档案的积累总是保持着一个量的增加势态，特别是进入现代社会后，人们越来越认识到档案在政治、经济、文化、教育等各方面活动中的重要性，更加注意档案的形成和积累，因而造成了档案数量上的持续增长；其次，办公自动化技术在办公和管理领域中的广泛运用，使得文件的制作和形成变得快捷方便，这在手段上为档案数量的飞速增长提供了技术保证。

科学技术的发展使档案的载体、记录方式出现了多样化趋势。越来越多的社会活动记录不再采用传统的纸张形态，而是以缩微型（诸如缩微胶卷、平片）、声像型（诸如影片、照片、唱片、录音带、录像带）、机读型（诸如磁盘、数字式磁带、磁泡、光盘）等新型载体和记录方式而存在。这些新型文件具有体积小，存储量大，图、文、声、像并茂等特点，因此其形成量和转化为档案的数量在不断增加。这些新型载体的档案需要特定的保管条件、保管技术和利用手段，这都是传统的档案管理方式无法提供的。此外，在新型载体的档案产生的同时，古老的历史档案则在逐步地自然老化，甚至形成"自毁"，急须采取先进的技术手段加以抢救。总之，档案在数量、载体等方面的变化是传统的管理手段、方式所难以适应的。

第二，传统的档案服务方式与档案需求之间的矛盾。

社会对档案的需求是档案工作存在和发展的根本原因，因而，社会需求的变化必然对档案工作方式发生重大影响。从20世纪80年代始，我国在档案需求上发生了很大的变化，主要表现在以下四个方面：

首先，需求面的扩大。由原来主要为政治斗争、行政管理服务，扩大为解决政治、经济、科学、技术、文化、教育各方面的问题而提供档案信息服务；由主要是查证性利用档案，扩大为查证性、参考性、研究性利用并行；由少数专家、学者和党政机关公务员利用档案，扩大为整个社会各行各业、各个层次、各种身份的人都利用档案。

其次，利用档案的系统性要求提高。许多利用者要求系统查阅有关某一专题、某一地区的全部档案，这些档案有时分散在不同卷宗以至不同档案馆内，需要进行馆际互借利用。

再次，出现了利用时效性观念。利用者不再满足于缓慢、模糊的提供档案信息的方式，而要求及时、准确地获取所需档案。档案需求的这些变化，使档案部门的档案流通量大为增加，传统的档案信息服务方式的低效的检索能力，难以适应这些变化。

最后，出现了远距离求索档案信息的需要。随着网络技术的广泛运用，供求关系上的空间阻隔被完全打破，利用者希望足不出户就能获得大量档案信息。显然，传统上的档案函调服务因其往复时间多，而且承载档案信息数量有限而不再适应这种需要，必须借助于现代的远距离传输手段来满足这种需要。

以上几方面的重大变化给档案工作提出了许多新的要求。为了有效地解决上述矛盾，使档案工作手段、方式与客观需要相适应，就必须逐步采用现代化的技术设备和工作方式，以实现档案管理的现代化。

（二）档案管理现代化的可能性

实现档案管理现代化，必须借助先进的管理设备和技术手段，因而它与高科技的发展密切相关。

自20世纪80年代以来，解决办公与管理领域中分散数据业务处理问题的办公自动化技术、计算机技术、通信技术与网络技术的发展突飞猛进。这些技术的广泛运用，极大地减轻了信息处理的工作量，把办公人员与信息处理人员从烦琐而复杂的劳动中解放出来，机器系统代替手工劳动已经显示出很大的优越性。因此，运用高科技设备及技术手段，实现管理现代化是办公和管理领域的必然趋势。同样，实现档案管理现代化，在档案管理领域中运用高科技设备和技术手段也是档案工作发展的必然趋势。

实现档案管理现代化的可能性具体表现在：

首先，技术运用和设备配置已越来越智能化、综合化和高效化，使得在档案管理这一方面的投入也能产生经济效益；同时，高性能的设备尤其是与大规模集成电路有关的电子设备价格平均每年下降10%~20%，如近年来，个人计算机的价格平均每年下降26%。因此，在经济比较发达的东南沿海地区的档案部门、专业行业部门、级别和层次比较高的档案馆，既有必要也有可能利用这些高科技设备来提高档案管理效率和降低档案管理费用。

其次，档案管理现代化已经融入国家现代化建设。相对说来，党和政府逐渐开始重视在档案管理领域中的现代化建设问题，也在这方面加大了投入的力度。

最后，档案部门对于档案管理现代化的研究越来越重视，相关的现代化管理实践也越来越普遍，建立和积累起了理论与实践两方面的模式和经验；另外，发达国家的档案管理现代化进程和模式，以及国际档案理事会的努力提倡，也为我国档案管理现代化的建设和发展提供了良好的主客观条件和基础。

第三节 档案管理新视角

一、大数据时代档案管理的新视角

无论是对于国家政府部门，还是社会企事业单位来说，大数据时代下的档案管理要求人们必须从全局视角、资产视角、融入视角、应用视角以及生态视角的方向出发，转变传统档案管理思维，重新对档案管理工作进行新的定位与认知。

（一）全局视角

全局视角是档案部门承担数据治理工作的首要视角。数据治理不是单个部门的职责，而是多个部门协同治理。在某种程度上，信息技术应用对于档案领域的根本性冲击并不在于管理对象的巨变，或是管理方法的革新，而在于整个世界信息管理格局的变化。传统环境下，档案管理部门是从事业务信息管理唯一的专业部门。数字时代，信息资源管理工作离不开信息技术的支撑，信息参与业务流程的需求凸显，新型应用服务不断增加，信息技术部门、信息技术管理部门、第三方数据服务商、数据管理部门先后加入业务信息管理的大军，档案部门已经不是唯一的业务信息管理专业部门。无论管理对象称谓如何，文件、档案、文档、内容、信息、信息资源、数据、数据资源或是其他什么，在数据管理的道路上，势必多部门同路。而这就是数据治理工作出现的根本原因。如何与文件形成部门、其他数据管理部门协同，形成新的数据治理格局，将是档案部门在数据治理大潮中面临的首要挑战，也是档案界普遍关心的重要问题。

档案管理的全局视角，要求将档案管理置于数据治理的整体布局中，将数据治理置于国家治理、社会治理、政府治理、企业治理的整体布局中，既通过各部门的共同努力推动档案管理工作，也在数据治理和国家、社会、机构的整体治理中贡献档案专业的智慧。

（二）资产视角

档案资产观的表述并不陌生。20世纪90年代，我国就从国有资产流向控制的角度对资产产权变动过程中的档案流向提出了规范要求，从而开启了档案资产化管控的道路。随着知识经济的兴起，对信息的资源属性和资产价值得到进一步认识。档案的资产化管理从流向控制走向了知识资产的挖掘。文件档案是宝贵的信息资产的观念已经非常普遍，在ISO 15489、ISO 30300等文件档案管理国际标准中得到了明确阐述。

如今我们要在大数据背景下加深对档案资产、数据资产的价值认知。一方面，数据的生产要素地位已经确立。2020年4月，中共中央、国务院发布了《关于构建更加完善的要素市场化配置体制机制的意见》将数据作为与土地、劳动力、资本、技术并列的生产要素。在培育数据要素市场、加快数据流动的过程中，数据的开放共享、隐私保护、安全保护等问题亟待通过制度设计实现多利益相关主体共同治理。另一方面，大数据时代，数据不仅是业务的副产品，而且是业务开展的基础和条件，是驱动业务发展的生产力。比如智慧法院中，利用历史诉讼档案，帮助法官规范化诉讼文书的写作，提示证据标注，自动，判断案件类型，推动案件审理工作流程。要实现这样的数据资产利用，数据量大不等于能派上用场，数据驱动业务的实现，要依靠对数据质量控制和精准分析值，这些都是数据治理派上用场的地方。

（三）融入视角

融入视角或可称为"输出视角"。自从《全国档案信息化建设实施纲要》（2002年）首次提出"档案信息化纳入国家信息化建设的总格局"之后，纳入思维一直体现在我国档案信息化相关制度规范中，《档案法》修订草案规定"各级人民政府应当将档案信息化纳入信息化发展规划"。融入视角是对纳入思维的继承和发展，档案管理不仅作为一个整体纳入业务信息化，而且各项具体的档案管理活动能够和其他数据管理活动相互渗透、相互影响，以分支漫流的方式融入数据管理之中。比如，文件归档融入数据归档，档案分类融入数据分类，档案管控融入数据管控，档案数据融入主数据和参考数据的建设中，档案数据质量要求融入整体数据质量要求，数据管理制度体现档案管理的要求，最终实现档案数据和其他数据无缝集成、有效共享和整合利用。

融入视角要求我们正视数据治理的需求和挑战，实现档案部门和其他数据管理部门的双向合作，不仅请其他部门"走进来"，承担档案管理职责；还要主动"走出去"，顺应数据管理环境的变化，协助推动其他数据管理工作，积极打造数据治理的生态。这也会涉及数据治理的生态视角。

（四）应用视角

大数据时代背景下的档案管理为人们提供的最有价值的视角就是应用视角。从这一视角出发来看，一切档案管理工作的开展，其最终的目标就是实际应用。这在传统档案管理中可能无法实现，因为在纸媒环境中，人们无法对大量的档案数据进行科学性分析，即使可以，也无法实现效率性与准确性。而大数据技术在档案管理中的应用，可以实现对大量数据信息的数字化归类，当部门或单位需要做出某些具体决策和部署时，就可以利用大数据技术与计算机技术对相关的数据资料进行调取，然后利用相关软件进行有效性分析，从而得出准确的数据资源，最终为人们的科学决策提供支持。

（五）生态视角

生态视角也可理解为共同体意识。随着数据管理手段和内容的丰富，数据管理相关主体日益丰富，形成具有动态结构的生态系统。数据生产、管理、利用和服务等上中下游各方不仅是服务和被服务、竞争和合作的关系，也是支撑和被支撑的"共生演化"关系。以档案界和产业界的关系为例，档案界依赖产业界提供的软硬件产品，有时会担心技术锁定因而有一定的防范心理。但从另外一个角度来看，档案界需要高质量的产品，而产品的成熟也依赖于档案管理规范的输出，一个行业的规范管理越高，其软件越有基础走向成熟。我们从西方国家的内容管理平台产品中看到的不仅是技术的先进性，而且是对管理实践的深入理解。比如，文档管理软件中设置处置规则的前提是业界有相应的保管期限与处置表，相比而言我国的档案保管期限表中没有处置行为的规定。因此，档案管理系统功能的不完备不仅是厂商开发能力不足，也可能是整体行业规则的缺失。档案主管部门、用户单位、科研院所和产业界应各司其职，协同数据管理的其他主体，互动共生，共同演化，同步提升，构建日趋向好的数据管理行业生态。

二、大数据时代档案管理的新职能

（一）权责职能

大数据时代下的档案管理工作，虽然具有便捷性、高效性等显著的优势特点，但计算机技术基础上的大数据管理难免会存在诸多数据资源方面的缺陷，为了更加明确地对档案管理工作进行权责治理，人们需要构建完善的档案管理系统。首先，从国家层面角度出发，要进一步明确档案主管部门的权责划分，作为国家档案的主管部门不仅要协调国家发展与社会治理过程所产生的各类档案数据的共享工作，以构建良好的档案管理工作环境，还要着眼于长远发展的目标，利用大数据技术实现对各类档案资源的治理、存储和应用。为此，可以构建专业化的电子档案治理工作室，由专业技术人员从大数据档案管理的角度出发，制定专门的电子档案管理制度和政策，以确保各单位档案管理工作可以在科学的体制下进行有序推进。其次，从社会发展的角度出发，完善基层档案管理部门的职责划定。国家层次的大数据档案管理工作可指明大方向、提供大背景，但具体的档案权责工作需要基层档案管理部门来完成。因此，基层档案管理部门需要从数据产生、归档、管理、应用等实际工作的角度出发，组织和开展档案管理治理工作，发现问题及时解决。如构建数据管理委员会、吸引专业的IT人才、大数据人才、档案管理人才的加入，从而保证档案治理的科学性。

（二）存储职能

大数据时代背景下，档案资源的存储载体发生了翻天覆地的变化。人们通过计算机技术、云存储技术等现代化手段，可以将海量的数据档案进行有效性、长期性保存，而且不占用任何公共空间。因此，现代化档案管理过程中，人们需要考虑的是针对一组数据或一套资料，应该怎样分门别类地进行归档存储，才能保证在需要的时候能够第一时间进行调取，从而实现数据档案应用的便捷性和效率性。此外，还应该考虑如何将档案进行秘密级别的归类，并应用大数据技术对秘密级别较高的档案资料进行加密处理，防止外泄或受到病毒侵害。

如对于政府部门来说，涉密文件非常多，如何利用大数据技术对秘密文件进行合理归档，从而确保档案资料在应用便利的同时还能被有效地保护，是大数据时代档案管理工作的新职能需要。为此，技术人员可依托数字化技术、云计算等手段对涉密公文和材料，根据秘密等级进行合理归类存储。同时，还要将同一组数据文件，按照内容的不同进行重组归档。这样一来，当人们需要按照秘密等级进行检索时就可以准确地找到相应的档案，而当人们需要按照内容进行检索时，也可以将关于该内容的同类型文件准确找到。然后通过数据化分析，人们可以获得数量、次数、重要性、是否完成、完成进度如何等结果，最终根据分析结果去安排具体工作事宜。

（三）共享职能

在档案管理过程中，良好的应用大数据技术，可以实现档案管理的网络化建设目标，而这种网络化程度的高低将直接影响到一个单位、一个行业，甚至是整个社会的档案数据资源能否实现共享。这就赋予了档案管理工作新的职能，即共享职能。实现这一职能的关键在于人们对档案局域网络以及档案数据资源共享平台的构建。大数据时代档案管理工作新职能的建立，是因为新时代发展至今资源共享已成为大势所趋，如共享单车、共享资源网、共享App等充斥在人们社会生活的各个角落。

而对于新时代的档案管理来说，实现共享职能可以使各个行业进行优势上的互补，从而促进行业内的相互协同发展。目前，在很多发达国家和地区非常重视信息资源的建设与共享，并取得了相当大的成就。而档案资源的共享也有助于社会公共文化的发展，是社会信息主体实现知情和利用的重要措施。在共享职能发挥作用的过程中，一方面，技术人员需要不断完善档案信息自动化管理系统的建设，每个共享参与者都需要构建档案目录数据，以便于有需要者通过目录资源进行筛选。另一方面，档案共享业务还应该实现计算机自动化管理，构建档案局域网，通过共享资源网与互联网的联通，使其成为档案共享平台，并通过相应的网络技术保护，为档案共享提供最好的技术安全保障。

（四）应用职能

任何档案的管理工作，其最终的目标以及价值都是应用。这在传统的档案管理思维中很少出现。对于很多人来说，他们认为档案管理就是对资料的存储，更多的是作为历史资料、文化资料加以保护和储存即可。但在大数据时代背景下，人们在具体的决策部署以及具体的工作安排时，均需要通过一定的市场调研、数据分析后，才能做出合理的决定，以保证决策安排的合理化与科学化。所以，大数据时代下的档案管理新职能中，应用职能得到了有效发挥。通过对档案数据的分析和比对，重大决策安排变得更具备科学性，从而使"死档案"变成"活方法"得以实际应用。

在大数据时代背景下，档案管理工作是一套系统性、全面性的建设过程。依托大数据技术，档案管理应该从有利于应用与分析的视角实现对其科学化管理的目标，档案管理员不仅要懂得如何建设档案管理数据库，更要懂得对档案中各类信息进行整理、归类以及调用。从而实现对档案资源的活存活用，最终实现档案资源可以为人们的社会化活动与决策提供科学性数据支持。

思考题

1. 档案的基本含义是什么？
2. 简述档案的价值与作用。
3. 说说档案管理的新视角。

第二章　档案管理的内容

★导读：

有学者认为按照管理的内容分，可将管理学分为两类：一类是职能管理学，另一类是过程管理学。其认为职能管理研究更具本质性，过程管理研究则在操作性和统一性上略胜一筹。由于档案学属于应用型管理学科，对操作和规范重视是与生俱来的，因而对管理程序的研究一直是内容维度的档案管理理论研究的重点和强项。档案管理程序研究一般包括档案的收集、整理、鉴定、保管、检索、编研、统计和提供利用。

★学习目标：
1. 学习档案的收集与整理的相关内容。
2. 掌握档案的鉴定与保管的相关知识。
3. 了解档案的检索与编研的相关内容。
4. 理解档案的利用与统计方面的知识。
5. 了解档案管理的研究对象。

第一节　档案的收集与整理

一、档案的收集

（一）档案收集的含义

档案收集是档案管理过程的首要环节，标志着文件性质的变化和档案自身运动的一个阶段。档案收集工作的质量，直接影响档案的整理、鉴定、保管及统计工作的质量和效率，进而影响档案的社会服务质量和效益。

研究档案收集，有利于促进对入口阶段档案管理的方法变革和理念创新，是其他管理环节研究的条件和基础，并与这些后续研究紧密衔接、有机互动，对档案收集的研究极具实践指导意义，能促进和夯实档案资源的积累，为档案的保管、整理乃至提供利用奠定基础，是档案信息资源开发的前提和必须。

档案收集就是按档案形成的规律，把分散的材料接收、征集、集中起来。按照规定，通过例行的接收制度和专门的征集方法，把分散在各机关、部门、个人手中和散失在社会上的档案,集中到机关档案室和国家档案馆进行科学管理的一项业务环节。档案的收集工作可以分为两大部分:第一,对于单位的档案室来说,主要是按期接收归档的文件和进行必要的零散文件的收集;第二,对于各级各类档案馆来说,主要是接收档案室移交的档案、接收撤销机关档案和征集历史档案。收集工作是档案部门取得档案的手段,也是它们开展其他业务活动的前提。

(二)档案收集工作的内容

档案收集研究的主要内容是档案收集的基础和原理,具体包括对档案收集工作的内容、意义和要求的研究,文件的归档研究,收集的步骤、阶段和方法研究等。

档案收集是接收、征集档案和有关文献的活动。具体讲,就是按照党和国家的规定,通过例行的接收制度和专门的征集办法,将分散在各机关、组织、个人手中和散落在社会其他地方的档案,有组织、有计划地分别集中到各有关机关档案部门,实现档案的统一领导和分级管理。

档案收集工作的内容主要有以下三个方面:

1. 机关、企业、事业单位档案室对本单位需要归档档案的接收;

2. 档案馆对所辖区域内现行机关、企业、事业单位和撤销单位的具有永久、长期保存价值档案的接收;

3. 对中华人民共和国成立以前各个历史时期形成的档案的接收和征集。

档案收集工作不是一项简单的事务性工作,而是一项政策性、业务性很强的工作。一方面,档案收集工作具有明显的选择性。文件转化为档案是有条件的,在档案收集工作中必须严格把握这些文件,在归档和接收过程中认真筛选。档案选择是按照档案部门收藏范围的设计合理并全面进行的。另一方面,档案收集工作受档案形成者档案意识水平、价值观以及档案部门保管条件等多种因素的制约,需要综合研究、统筹规划,提高档案收集工作的质量。

(三)档案收集工作的地位

档案收集工作在整个档案管理中处于一种特殊地位,做好此项工作对整个档案管理工作具有重要意义:第一,档案收集工作是档案馆、档案室取得和积累档案的一种手段,它为档案工作提供了实际的物质对象,是档案业务工作的起点。第二,档案收集工作是实现档案集中统一管理的重要内容和一项重要的具体措施。第三,档案收集工作质量的高低,会直接影响到档案业务工作的其他环节的工作质量。第四,档案收集工作是档案部门与外界各方面发生联系的重要环节之一,这是一项政策性强、接触面广、工作要求较高的工作。

（四）档案收集的基本形式

档案收集是档案馆（室）取得和积累档案及有关资料的一项工作，是档案管理工作的重要环节。其手段主要有接收、征集和寄存三种形式。

按照法定的原则、程序和规定的制度移交和接收档案，是档案馆和档案室补充档案资源的最基本形式。其基本内容包括两个方面：

1. 各级国家机关和各种社会组织的档案室，按照规定接收本机关业务部门和文书处理部门办理完毕移交归档的文件；

2. 各级各类档案馆依据国家法律和有关规定接收现行机关和撤销机关的档案。

接收的范围和要求：

（1）档案室接收本机关工作活动中形成的具有保存价值的各种门类和载体的档案，包括科学技术档案、会计档案等各种专门档案，录音带、录像带、照片等各种特殊载体的档案。

（2）各级档案馆接收本级各机关、团体及所属单位具有长远保存价值的档案，以及与档案有关的资料。各个国家对于档案馆保管接收档案的范围不尽相同，有些国家的档案馆只接收具有永久保存价值的档案，有的也接收定期保管的档案。中国省以上档案馆接收具有永久保存价值的、在立档单位保管已满20年左右的档案，省辖市（州）和县级档案馆接收永久和长期保管的、在立档单位保管已满10年左右的档案。

（3）档案室和档案馆正常接收的档案，要求齐全并按规定整理好，进馆档案应遵循全宗和全宗群不可分散的原则，保持原有全宗的完整性及相关全宗的联系性。

征集流散在各机关、各部门、个人与国外的有价值的各种历史档案和相关资料是档案馆收集工作中必不可少的补充手段，分为非强制性和强制性两种。一般采取在协商的基础上，通过复制、交换、捐赠、有偿转让等方式，将档案集中到档案馆；在特殊情况下，集体和个人所有的对国家和社会具有保存价值的或须保密的档案，当其保管条件恶劣或者由于其他原因被认为可能导致档案严重毁坏和不安全时，国家可将其收购或征购入馆，也可代为保管。

寄存一般是通过协议的形式将档案存放到档案馆。寄存档案的单位或个人不失其所有权，并享有优先使用权以及能否准许其他人利用的决定权。已保存在博物馆、图书馆、纪念馆等单位的，同时也是档案的文物或图书资料等，一般由其自行管理。

（五）档案收集的制度

1. 档案收集包括档案的接收、征集以及网络数据采集等方式；

2. 档案材料收集范围：凡是对全区各项事业发展有参考利用价值的各类原始材料都属于档案收集范围；

3. 任何个人都不得以任何理由拒绝向区档案馆归档移交有价值的档案材料；

4. 档案材料收集应该形成定期送交制度和联系催要制度。

二、档案的整理

（一）档案整理的含义

档案的整理工作，就是将处于凌乱状态的和需要进一步条理化的档案有序化的过程。在档案管理活动诸环节中，收集是起点，利用是目的，而整理则是承上启下的关键。科学系统的档案整理不仅有助于档案的鉴定，是妥善保管的前提，为档案统计工作打好基础，是档案提供利用的必要条件，还能在一定程度上促进档案的收集工作。

档案整理研究是档案管理理论的核心，有利于优化档案整理工作，加强文件档案之间的联系，充分体现档案的性质和特点，进而激活和发掘档案的利用价值，促进档案信息资源的开发，提高档案整理的科学化和标准化水平。在直接影响着整理实践的同时，档案整理的研究对档案管理其他环节理论和技术的发展也有着不可忽视的作用，能促进对档案管理全过程研究的良性发展和总体优化。

对档案整理研究主要包括档案整理理念、内容与方法等方面，具体如档案整理工作的原则和意义研究，全宗的界定和应用研究，立卷、分类、组合、排列、编目的程序和方法研究等。

我国在档案整理方面的研究，经历了从引进和介绍欧美档案整理理论，到分析、探索自身档案整理实践与理论发展所面临课题的研究历程，其中最具抽象性和理论价值的是全宗理论（来源原则）。但傅荣校提出，当前档案整理理论应该由全宗和汇集两大原则构成，并提出两者的根本区别在于：前者来源于同一立档单位，根据历史联系为主线进行组织，具有可确定性，因而在档案室阶段就可以基本完成；而后者则来自多个立档单位，要视所获档案数量、成分和状况来确定某一特征进行组织，具有不确定性，一般只有在档案馆才能予以处理加工。

我国档案整理实践与理论的演变过程分为三个阶段，即传统的纸质档案手工整理阶段、档案实体整理和档案信息整理并存阶段、"档案实体整理"和"档案信息整理"二元实践阶段等。而随着实践活动与对象的发展变化，传统的档案整理研究的理论局限性越来越明显，主要表现在整理原则的适用范围窄，注重实践性分类、轻视思维性分类法，立卷管理不科学等方面，无法应对数字时代电子文件的挑战，因而对档案整理的研究仍然是今后的难点和要点。

（二）档案整理工作的内容

档案整理工作包括区分全宗、全宗内档案的分类、立卷（组卷、卷内文件的排列和编号、填写卷内目录和备考表、拟写案卷标题、填写案卷封面)、案卷排列和编号、编制案卷目录等业务环节。

按照我国文书工作和档案工作的管理体制与分工,档案整理工作是分阶段进行的。其中全宗内档案的分类、立卷、案卷排列和编制案卷目录等业务环节,一般由文书部门或文书人员承担,即文书立卷;归档案卷的统一编号和排列由档案室承担;全宗的划分和排列多由档案馆承担。在某些特殊情况下,如当档案室(馆)接收到整理质量不佳或基本未经整理的零散档案时,就需要对档案进行局部的或全部程序的整理。

1. 系统排列和编制案卷目录

这种情况是指档案室对接收的已经立卷归档的案卷,按照本单位档案的分类和排列规则,进行统一的分类、排列和编号,使新接收的案卷同已入库保存的档案构成一个整体。

2. 局部调整

这种情况是指对已经接收进档案部门的部分质量不合格的案卷所做的局部改动和调整工作。

3. 全过程整理

这种情况是指档案部门对于接收到的零散文件所进行的从区分全宗到编制案卷目录的全部整理工作。

(三)档案整理工作的基本原则

档案整理工作的基本原则是:保持文件之间的历史联系,充分尊重和利用原有的整理成果,便于保管和利用。

1. 保持文件之间的历史联系

保持文件之间的历史联系,是档案整理工作的根本性原则。文件之间的历史联系是文件在产生和处理过程中所形成的内部相互关系,也被称为文件的"内在联系""有机联系"。在档案整理工作中保持文件之间的历史联系,其目的在于使档案能够客观地反映形成者的历史面貌。文件之间的历史联系主要表现为以下四个方面。

(1)文件在来源上的联系

文件的来源一般是指形成档案的社会主体(组织和个人)。同属于一个形成者或同类型的文件在来源上有着密切的联系。因为不同来源的文件反映不同形成者历史活动的面貌,所以整理档案时必须首先保持文件在来源上的联系,也就是说,档案不能脱离其形成单位,同时,不同来源的档案也不能混在一起。

(2)文件在内容上的联系

文件的内容一般是指其所涉及的具体事务或问题,同一个事务、同一项活动、一个问题所形成的文件之间必然具有密切的联系。整理档案时，保持文件之间在内容上的联系，有利于完整地反映其形成者各种活动的来龙去脉和基本情况，也便于查找利用。

（3）文件在时间上的联系

文件的时间一般是指其形成的时间。整理档案时，保持文件之间在时间上的联系，有利于体现其形成者活动的阶段性、连续性和完整性。

（4）文件在形式上的联系

文件的形式一般是指其载体、文种、表达方式以及特定的标记等因素。不同形式的文件往往具有不同的作用、特点和管理要求。整理档案时，保持文件在形式上的联系，有利于揭示文件的特殊价值，便于档案的保管和利用。

2. 充分尊重和利用原有的整理成果

充分尊重和利用原有的整理成果是指后继的档案管理者要善于分析、理解和继承前人对档案的整理成果，不要轻易地予以否定或抛弃。在整理档案时充分尊重和利用原有的整理成果应该做到：第一，在原有整理成果基本可用的情况下要维持档案原有的秩序状态；第二，如果某些局部整理结果明显不合理，可以在原来的整理框架内进行局部调整；第三，如果原有的整理基础的确很差，无法实行有效管理，可以进行重新整理。但是，新整理时应该尽可能保留或利用原有基础中的可取之处。

3. 便于保管和利用

整理档案时，一般情况下，保持文件之间的历史联系与便于保管和利用之间是一致的。但是在某些特殊的情况下，二者之间可能会发生一定的矛盾。例如，产生于同一个会议的档案，有纸质文件、照片、录像材料，甚至还有电子文件等，它们的保管要求各不相同，在整理时就需要综合考虑各种因素，在保持文件之间历史联系的前提下，采取分别整理的方法，以利于档案的保管和利用。

第二节　档案的鉴定与保管

一、档案的鉴定

（一）档案鉴定的内涵

档案鉴定应包括档案保管期限鉴定、档案准确性鉴定、档案完整性鉴定、档案珍贵程度鉴定等方面。鉴于鉴定工作是在档案管理不同阶段依次分别展开的，因而可将档案鉴定划分为前期鉴定和后期鉴定。

所谓前期鉴定是指对文件材料保存价值的鉴定和对归档文件材料的准确性、完整性鉴定。因其是在文件材料立卷归档阶段完成的，处于档案文件运行前期，所以可将它们统称为"前期鉴定"，亦可称为"归档鉴定"。前期鉴定，一般无须成立专门的鉴定组织，是在工作中顺序完成的，只需严格管理制度、明确管理责任，由责任人如立卷人、案卷审核人、归档接收人等分工负责，共同把关，协作完成。它主要包括：

1. 保存价值鉴定

保存价值鉴定是指文件材料有没有保存价值、保存价值大小的鉴别，并依此确定文件材料归不归档、保管期限的长短。

2. 准确性鉴定

准确性鉴定是指对归档文件材料的各种标识的准确性及其所承载的信息的准确性进行的甄别评定。前期鉴定中的准确性鉴定，主要是针对工作中因工作疏忽将归档文件材料的某些标识如责任者、时间、签章、竣工章等遗漏丢失，正文与底稿不相符，正本与副本不相符，基建图物不符，设备图物不符等诸多情况的检查。

在文件材料归档时，由责任人进一步核实鉴别，并在案卷备考表中案卷检查人栏签字或以其他形式确认归档文件的准确性。

3. 完整性鉴定

完整性鉴定归档时，责任人对围绕某个事件、某项工程、某个设备、某项任务所产生和使用的文件材料的完整性，每份文件材料页数、图幅及底稿的完整性进行鉴别并签字确认，以确保归档文件材料的完整性。

所谓后期鉴定是指专门的鉴定委员会对档案进行鉴定。后期鉴定是档案馆（室）的重要业务环节，需要建立专门的、具有权威性的鉴定委员会，按特定的程序进行。其工作内容应包括档案评价、珍贵程度鉴定和保管期限鉴定等。

（1）档案珍稀程度鉴定

参考文物鉴定，制定国家珍贵档案鉴定标准和方法。可将国家档案根据其历史、科学、艺术等方面的价值，结合珍稀程度、成套性、完整性分为珍贵档案和一般档案。再将珍贵档案区别为国家一级、国家二级、国家三级。建立国家珍贵档案数据库，提请国家财政列支专项保护经费，实施特别保护；并同司法机关、海关联网与文化行政部门联手，与文物、博物、图书等文化单位交流协作，加强监管，集中有限的人力、财力，抢救和保管好国家珍贵档案，切实管理好党和国家珍贵的历史财富。

（2）到期档案的鉴定

由各档案保管部门根据自己的馆藏特色和馆藏情况，成立鉴定委员会制定鉴定原则标准和运行程序，有计划地对到期档案进行鉴定，确定存毁。这项工作应坚持不断地开展，真正将有价值的档案保存好，将失去保存价值的档案销毁掉，避免因档案馆（室）藏良莠不分而形成的管理浪费，进而提高管理效率。档案鉴定工程巨大，只有在对档案鉴定有充分认识的基础上，统筹规划，科学安排，才能取得事半功倍的效果。

（二）档案价值鉴定的标准

档案鉴定标准可分为两大类，即理论性标准和技术性标准。

1. 理论性标准

理论性标准是档案价值鉴定的基本标准和理论依据，综观中外档案学界长期以来形成的理论研究成果，档案鉴定的理论性标准主要包括：

（1）德国档案学家迈斯奈尔提出的年龄鉴定标准和来源鉴定标准；

（2）波兰档案学家卡林斯基提出的"职能鉴定论"；

（3）美国档案学家谢伦伯格提出的文件双重价值鉴定标准；

（4）宏观职能鉴定标准；

（5）效益标准；

（6）相对价值标准。

2. 技术性标准

技术性标准是档案鉴定实践中用以参照的具体标准，主要有文件材料的归档和不归档范围、档案保管期限表、档案鉴定工作制度等。

我国目前的档案保管期限表可分为通用档案保管期限表、专门档案保管期限表、同系统机关档案保管期限表、同类型档案保管期限表和机关档案保管期限表五种类型。它们是各机关、档案馆鉴定档案价值、确定档案保管期限的依据和标准，以此作为参考，文书立卷人员能较容易地区分文件的不同保存价值，初步确定其保管期限，为以后档案馆鉴定档案的价值打下基础。至于档案鉴定工作制度，则包括制发鉴定档案的标准文件、档案鉴定工作的组织领导和销毁档案的标准与监销制度等几方面内容。一种健全的档案鉴定工作制度，可以有效保证档案鉴定工作的质量和防止有意破坏档案，使档案的鉴定和销毁工作有组织、有监督地进行。事实证明，这些技术性标准在文书档案人员的具体鉴定工作中起到了有利作用。

二、档案的保管

（一）档案保管的含义

档案保管，广义的理解泛指为延长档案寿命、为便于档案管理而采取一切措施和手段；而狭义上则特指对档案在动态和静态环境中的一般安全防护和日常的库房管理。档案保管旨在维护档案的完整性、安全性、系统性。档案保管为档案管理活动的进行提供了物质对象和基本前提，档案保管质量的高下，直接影响着档案管理的水平，在一定的条件下甚至具有决定性作用。

研究档案保管具有理论和实践双重意义。在理论上，有助于发现和掌握档案保管活动的客观规律，加强与其他环节研究的互动和联系，有利于提高档案保管与保护的科学水平，完善档案学理论和科学体系，丰富档案学的研究内容；实践上，能指导和提升档案保管工作的水平和效率，科学储藏档案资源，方便档案信息的利用，有利于防止和消除档案损毁的隐患因素，有效延长档案寿命，保存社会历史财富。

档案保管研究的内容主要有档案保管的意义和任务研究、档案流动过程中的安全防护研究、档案储存中的保护技术研究。具体包括档案保管机构的研究，档案保管史的研究，为延长档案寿命的保护技术研究，档案保管的物质条件、库房管理研究等。

（二）档案保管工作的任务

1. 建立和维护档案的存放秩序

为了使档案入库、移出、存放井然有序，能够迅速地查找档案，并随时掌握档案实体的状况，档案室（馆）要根据档案的来源、载体等特点建立一套档案入库存放的规则和管理办法，使档案不管是在存放位置上还是被调阅移动都能够处于一种受控的状态。

2. 保持和维护档案实体良好的理化状态

档案实体是以物质的形态存在和运动的，而各种环境因素，如温、湿度、光线、有害气体、灰尘、生物及微生物等会对档案的载体、字迹材料等造成不良影响，不利于档案的长久保存。为此，在档案的保管工作中，就需要了解和掌握不利于档案长久保存的各种因素及规律，采取有效措施，最大限度地消除和降低它们对档案的损坏，使档案实体保持良好的理化状态，以延长档案的寿命。

（三）档案保管工作的要求

1. 注重日常管理工作

为了保持档案库房管理的稳定、有序，我们应注重建立健全管理规则和制度，加强日常管理。在库房管理中要做到：归档和接收的案卷及时入库，调阅完毕的案卷及时复位，定期进行案卷的清点和检查，发现问题及时处理。只要持之以恒地坚持严格的日常管理，就能保证库房内档案的良好状态。

2. 预防为主，防治结合

在档案保管工作中，保护档案实体安全的方法概括起来主要有两类：一是如何预防档案实体损坏的方法；二是当环境不适宜档案保管要求时或当档案实体受到损坏后如何处置的方法。在归档或接收的档案中，实体处于"健康"状态的档案占绝大多数。因此，在档案保管工作中，积极"预防"档案受到各种不良因素的破坏是主动治本的方法。我们应该采取各种措施确保这些档案的长期安全。同时，还应该通过加强日常管理和检查，及时发现档案实体出现的"病变"情况，以便于迅速地采取各种治理措施，阻断或消除破坏档案的有害因素，修复被损害的档案，使其"恢复健康"。预防为主，防治结合，才能全面保证档案实体的安全。

3. 重点与一般兼顾

由于档案的价值不同，保管期限长短不一，所以在管理过程中，我们应该掌握突出重点、兼顾一般的原则。对于单位的核心档案、重要立档单位的档案、需要长久保存的档案，应该加以重点保护，尽量延长档案的寿命。同时，对于一般性、短期保存的档案也要提供符合要求的保管条件，确保其在保管期限内的安全和便于利用。

第三节 档案的检索与编研

一、档案的检索

（一）档案检索的含义

档案检索就是把档案内容和形式特征的各种线索，存储于各种检索工具之中，并根据某一（或几种）特征，在特定集合中识别、选择与获取相关档案数据或文献的过程。档案检索工作的内容，一方面要对档案的内容和形式进行分析、选择和记录，并按照一定原理编排出各种检索工具；另一方面是根据需要，通过检索工具，帮助利用者了解和查找所需要的档案信息。档案检索是提供档案利用服务的先期工作，是有效提高档案管理水平的重要手段。

档案检索研究有利于优化档案检索的方式方法，推动档案检索工具和技术的改进，促进档案资源的利用和共享，提高档案管理和服务水平，进而提升档案工作乃至档案学科的影响力。

档案检索研究的主要内容有档案检索原理与技术研究，具体包括档案检索的内容和意义研究，档案检索工具的职能、种类、编制原则与方法研究，档案检索的途径与形式研究，档案检索语言研究，档案的著录与标引研究等。

（二）档案检索工作的主要内容

档案检索包括广义和狭义两种含义。广义的档案检索包括档案信息存储和档案查检两个具体的过程。狭义的档案检索只限于查找所需档案的过程。作为档案工作人员，需要掌握广义的档案检索工作的内容和方法，学会编制档案检索工具、建立检索体系，并且能够熟练地利用检索工具查找档案，以获得开启档案宝库的钥匙。

1. 档案信息存储阶段的内容

档案信息存储是指将档案原件中具有检索意义特征的信息，如文件作者、题名、时间、主题词等，记录在一定的载体上，进行分类或主题标识，编制成档案检索工具，建立档案检索体系的过程。它包括如下环节：

（1）档案的著录和标引

著录和标引是对档案的内容和形式特征进行分析、选择和记录并赋予规范化的检索标识的过程。著录和标引的结果就是制作出反映档案内容、形式、分类和存量的可以用来检索的条目。

（2）组织档案检索工具

这项工作是指按照一定的规则，对著录和标引所产生的大量条目进行系统排列，使之形成某种类型的检索工具，并根据需要进行检索工具的匹配，组成手工的或计算机检索系统。

2. 档案查检阶段的主要内容

档案查检是指利用检索工具和检索系统查找所需档案的过程。包括如下环节：

（1）确定查找内容

确定查找内容是指对利用者的检索要求进行分析，确定利用者所需档案的主题形成查寻概念，并将这些概念借助检索语言转换为规范化的检索标识。从确定利用主题到形成检索表达式的过程，也称为"制定检索策略"。

（2）查找

查找就是档案人员利用者通过各种手段把表示利用需求的检索标识或检索表达式与存储在手工检索工具或计算机数据库中的标识进行相符性比对，将符合利用要求的条目查找出来。在手工检索中，相符性比对由人工进行；在机检过程中，则由计算机担负两者间的匹配工作。

二、档案的编研

（一）档案编研的含义

档案编研工作是档案馆（室）研究、加工、输出档案信息，主动地向社会各方面的广大利用者提供科学、系统的档案信息服务的一项专门工作。档案编研是以馆（室）藏档案为主要对象，以满足社会需要为主要目的，在研究档案内容的基础上，对档案信息进行深层次开发的过程。编研工作是积极提供服务与利用的有效方式，是提高档案工作水平的重要途径，有利于档案原件的保管，有利于档案内容和信息的流传，也有利于扩大档案机构、人员的影响。

对档案编研进行研究具有重要意义，一方面能丰富档案管理理论研究的内容、完善档案学科体系；另一方面有助于发掘、创新和交流编研的技能和方法，进而有效提升档案工作和档案学科的地位。

档案编研的主要研究内容是档案编研的理论与技术，具体如档案编研思想的起源与发展研究，档案编研的意义与内容研究，档案编研的类型与形式研究，大事记、组织机构沿革、基础数字汇集、会议简介、年鉴等的编纂和编写方法研究。

档案编研研究必然离不开对档案文献编纂的关注，一般认为档案编研的外延要比档案文献编纂广泛而又丰富，档案编研包含了档案文献编纂的内容。李财富提出广义的档案文献编纂学应该包括基础理论和应用理论两个方面的内容，前者包括档案文献编纂学概论、未来档案文献编纂学、档案文献编纂史和档案文献编纂方法学，后者包含文书档案文献编纂学、科技档案文献编纂学、专门档案文献编纂学；而狭义的档案文献编纂学应包括档案文献编纂选题学、档案文献编纂选材学、档案文献编纂加工学、档案文献编纂辅文学和档案文献编纂效益学。罗力通过对档案文献编纂学研究内容进行综述后，提出该学科研究目前主要有"环节内容论"和"宏观内容论"两种不同观点。

由于网络档案编研工作有着传统方式无法比拟的优点，如选题选材更为灵活，信息采集更为方便快捷，档案编研的手段更为多样，表现表达能力更为丰富，传播时空更为宽裕等，已经成为人们关注的重点，也将成为今后档案编研研究的发展趋势之一。

（二）编辑档案史料现行文件汇编

编辑档案史料和现行文件汇编也称为"档案文献编纂"，它是指按照一定的作者专题、时间或文种等将相关的档案文件选编成册，在一定的范围内使用或出版发行。

编辑档案史料和现行文件汇编的工作方法，是将档案原文从原件中提取出来，按照专题集中汇编成书。它使档案信息脱离了原来的载体，与内容相关的档案信息共同组成新的文献形式（如果出版发行，则转化为书），它属于一次文献。档案史料和现行文件汇编的名称根据其内容、材料的成分以及详略程度不同，分别采用汇编、丛编、丛刊、辑录选编、选集等名称。

档案文献汇编主要有三个特点：第一，原始性。汇编所选录的都是档案原件，并且一般不做文字改动。第二，系统性。档案文献汇编都按照专题组成，所选择的档案文件不仅在内容上相互联系，而且通过编排设计已构成一个有机的体系，清晰、客观地揭示事物发展变化的规律。第三，易读性。在编辑档案史料和现行文件汇编的过程中，编研人员需要对档案文件上的段落、标点、错别字和残缺文字进行校正和恢复，对文件上的批语、标记、格式进行处理，对于文件中的一些人物、事件、时间和典故进行注释，还要为档案文献汇编编写按语、序言、凡例、目录、索引、备考等，以便于利用者阅读和理解。

（三）编辑档案文摘汇编

档案文摘汇编是档案室（馆）根据一定的专题对档案原文摘要进行汇总编辑形成的编研成果。档案文摘是对档案原文的缩写，它以简练的文字概要地揭示档案文件的主要内容，是一种档案的二次文献形式。档案文摘有时可以作为一种检索工具编制和使用。例如：档案著录项目中的"提要项"就是档案文摘的一种形式。档案文摘汇编是由具有共同专题的档案文摘组成的，它也可以公布、发行。与档案文献汇编相比，档案文摘在编辑方法和报道功能上比较灵活、简便和及时。

（四）编写档案参考资料

档案参考资料是档案室（馆）按照一定的题目，根据档案内容加工编写的一种书面材料，如大事记、组织沿革、专题概要、会议简介等。档案参考资料的编写依据是档案原件，但其表现形式已经改变了档案原文的面貌，属于三次文献。档案参考资料的主要功能是向利用者提供一定专题或史实的参考素材，具有介绍、报道档案内容和提供查找线索的作用。

第四节　档案的利用与统计

一、档案的利用

（一）档案利用的含义

档案利用工作，是档案馆（室）通过各种方式向利用者提供档案、介绍档案情况、发挥档案作用为社会服务的工作。档案利用，可以体现档案工作的根本目的，在整个档案管理活动中占主导地位，既有赖于收集、整理等基础工作的健全，又是对这些环节管理活动成效的检验，利用工作是档案工作变被动为主动的关键，是宣传档案工作、提高档案工作信誉的重要工具。而对用户和社会大众而言，档案利用是满足其多样需求的基本途径。

（二）档案提供利用工作的内容形式

与其他类型的档案馆相比，高校档案馆所处的环境完全不同，而且高校档案本身由于其内容和收集周期的差异，导致高校档案利用呈现出自己独特的特点：

1. 社会性不强

高校档案是高校教学科研、管理等活动的历史记录，其内容决定了它不可能有广泛的社会需求，而且现实工作也表明，高校档案的利用主体主要是高校内部各单位、个人以及少量的毕业生等，甚至某一部门形成的档案最大的利用主体就是本部门本身，高校档案利用率不高说到底也是这一特点的一种表现。

2. 时效性很强

高校档案的收集周期是以年度为单位的，而且收集进馆的档案大部分是对本校单位、教职工和学生开放的。由于高校档案的利用主体主要是学校内部的单位和个人，因此，高校档案的时效性就更加明显。而其他档案馆保存的档案，按规定一般是自形成之日起满三十年才能向社会开放，相比较而言时效性就显得差一些。

3. 周期性明显

从类别上看，高校档案中教学档案的数量最多、利用频率也是最高的，这与学校以教学工作为中心是相一致的。与此相对应，高校档案的利用在实践中呈现出明显的周期性就不足为怪了。具体而言周期性一年可遇两次，一次是五六月份，一方面这一时期是毕业生求职、出国留学等需要办理有关手续的高峰期，另一方面准备审材料的教职员工也需要查阅档案材料；另一次是十一二月份，这是报考研究生的时间，许多毕业生为了继续深造报考研究生时，需要提供在校学习成绩证明，这也需要查阅档案。

4. 波动性强

高校档案利用与高校政策及建设紧密相关，如高校校园建设、本科评估等，会使高校基建档案、教学档案、行政档案等的需求量陡然增加，相应地利用数量也会突然增大，因此从纵向比较来看，各年份的利用波动也非常大。

（三）档案提供利用工作的内容

档案馆（室）所开展的档案提供利用工作既包括前台服务，也包括后台的组织与准备，主要包括如下内容：

1. 档案馆（室）工作人员了解和熟悉馆藏档案的数量、内容、成分、价值等基本情况，掌握各种检索工具的使用方法；

2. 档案馆（室）工作人员调查分析和预测社会对档案的需求，把握档案利用需求的趋势；

3. 策划、组织和建立多种提供档案的渠道，积极向档案用户提供各种形式和内容的档案信息及相关资料；

4. 利用各种方式向档案用户介绍和报道馆藏，开展档案咨询服务工作；

5. 建立档案利用服务反馈机制，及时了解和掌握利用情况，以及用户的意见和建议。

（四）档案提供利用工作的形式

目前档案提供利用工作的形式主要有以下几种：

1. 向利用者提供档案原件，包括档案阅览室阅读档案、借出原件利用等方式；

2. 向利用者提供档案复制品，包括制作档案副本、摘录，编辑出版档案文献汇编，在报刊、广播、电视和网络等传播媒体上公布档案，制作档案缩微品及音像档案副本等方式；

3. 向利用者提供档案信息加工成品，包括制发档案证明、编写发行档案参考资料和编纂档案史料书籍等方式。

（五）档案提供利用工作的基础条件

档案提供利用工作是档案馆（室）接待各类用户将档案信息输送到用户手中的过程。要顺利实现这个过程，使档案馆（室）具有一定的对外服务的功能，需要具备以下基本条件。

1. 完善的档案管理的基础性工作

档案工作的八项业务环节中，收集、整理、鉴定、保管检索等是提供利用的基础性工作，档案馆（室）只有建立和完善了这些基础性环节，才能为档案提供利用工作准备充足、有序、优良的档案信息资源。完善这些基础性工作主要包括：丰富馆藏；通过整理和检索工作使档案信息条理化、系统化；通过档案价值鉴定达到档案质量优化；修复破损或字迹褪色的档案，并对珍贵档案采取复制、缩微、刻录光盘等方式替代原件；通过建立检索系统，方便用户的查询；等等。可见，档案馆（室）要想大力开展提供利用工作，首先要在完善基础性管理工作上下功夫。后台准备得越充分，则前台服务得越顺利。

2. 全方位的档案提供利用的立体化渠道

档案提供利用工作实质上是一个档案信息交换、传播的活动。它应该利用现代信息传播的原理以及信息网络技术，为自己构筑一个档案信息服务的立体化渠道。

档案信息服务的立体化渠道应该包括对档案馆（室）已有的纸质文件和音像文件的直接利用渠道、档案馆（室）的平面或立体的展示渠道、新闻与广告传媒渠道、出版发行渠道、网络信息传播渠道等。通过利用多方位、立体化的传播渠道，将档案信息最有效地推到档案利用者中去，充分发挥其作用，也使档案提供利用工作更具灵活性和适应性。

3. 适用的利用服务的硬件设施

档案馆（室）的提供利用工作需要一定的场地和设施，为此，档案部门要根据自身的职能、规模和客观条件，进行利用服务的硬件建设，包括设置固定的档案阅览场所，配备必要的阅览、复制及计算机网络设备，以及其他必备的利用服务设施。

4. 健全的利用服务的规章制度

为了保证在档案提供利用工作中档案和档案信息的安全，明确档案服务人员与档案用户的责任、权利和义务，规范利用程序与手续，档案馆（室）在开展利用服务之前应制定周密的档案利用服务和利用管理的规章制度。它们应该包括档案利用服务人员的职责、借阅（归还）档案的手续、档案利用管理、复制档案或开具档案证明、阅览室和展厅及相关设备管理等方面的内容。通过这些制度，一方面可保证档案利用服务的质量，另一方面可维护利用过程中档案的安全。

二、档案的统计

档案统计是以表册、数字的形式揭示档案和档案工作情况的活动。档案统计工作按过程可分为档案统计调查、整理和分析；按对象来划分，包括对档案实体及其管理状况的统计和对档案事业的组织与管理情况的统计。档案统计工作是档案事业的一项基础工作，是对档案管理开展的重要依据，也是有力的监督手段。同时，在科学研究日益注重定量分析的今天，档案统计还是档案管理理论研究的重要措施和基础。因而档案统计工作要求做到准确、系统、及时和科学。

研究档案统计，有利于改进和完善档案统计工作的程序、内容和方式，具有实践指导意义，对档案学理论建设也具有重要价值，一方面为档案学开辟了新的研究视角和空间，另一方面也为档案管理理论研究提供可资借用的方法和手段（主要是定量的方法）。

档案统计研究主要探讨档案统计的原理与方法。具体包括：档案统计的意义、任务和要求研究，档案统计调查方案和组织研究，档案统计指标体系研究，统计资料整理的原则与方法研究，档案统计分析方法及运算公式，统计成果的提供利用研究，等等。

第五节　档案管理的研究对象

一、文件（档案）的定义

定义，是一种揭示概念内涵与外延的逻辑方法。为文件（档案）下定义，就是通过对客体事物进行理论抽象，揭示其本质属性和一般属性，以明确文件（档案）的范围和特点。档案是档案学一切叙述的起点，因而关于档案定义问题的研究，几乎贯穿我国档案学和档案史研究的全过程。各国在研究档案术语体系时也多是从档案定义开始的，而定义档案一般都是以文件的定义为基础。

也就是说档案的定义离不开对文件的关注和界定，文件（档案）的范畴分析自然也就成了内容维度档案管理理论研究的起点和重点，罗永平在对20世纪90年代档案管理理论研究热点进行分析时指出，在我国档案定义是探讨持续时间最久、发表观点最多、讨论最热烈的问题，20世纪90年代档案定义争论的热点聚集在定义中种差和属概念的选定与档案属性之上。

　　文件（档案）定义的相关研究，不仅对于档案学科和档案管理理论研究具有本体的和基础性意义，是一个与档案学的逐步成熟相关联、逐步完备起来的过程，对于档案管理实践中的一系列有关问题，也极具有指导意义，研究档案概念及其定义，从根本上说是档案管理实践的需要，绝非凭空提出来的要求。至于文件（档案）定义研究的未来，正如"完备的档案定义不是作为某学科的先导，而是伴随着学科体系的最终确立而确立的"，随着档案管理活动的变化和档案学理论的发展，档案研究定义也必将不断得以发展和完善。

二、文件（档案）的属性与特征

　　属性是指某类事物的性质及其与他事物的关系，档案的属性就是指档案在社会中所表现出来的固有特征。正确认识档案属性和特征有利于厘清档案与相关事物的关系，有利于维护档案的本质要求和真实面貌，有利于认识和指导档案管理活动实践，因而是内容维度档案管理理论研究的重要主题。

　　属性又可分为本质属性和一般属性（也有学者称之为"派生属性"）。前者是事物固有的，决定事物性质、面貌和发展的根本性质，是区别一事物不同于他事物的核心所在；而后者则是从不同角度、不同侧面反映出事物的性质和特点，往往具有多方面的界定。准确把握它们之间的区别，是探讨档案管理相关范畴的前提。事物的质与属性是多方面的，因此人们认识某一事物的质，应该客观地把握事物各方面属性的总和，而且要抓住与实践紧密相关的本质属性。档案的本质属性可以归纳为原始性、实践性和凭据性。只有切实而深刻地搞清档案的本质属性，才能理解古今中外人们的档案意识，才能科学地解释经得起实践检验的各种具体的档案管理体制与方法，才能按照档案自身的运动规律做好档案工作。他提出原始记录性是档案的本质属性，而信息储备源是档案的基本特征。

　　对档案属性和特征的研究，不仅是一个学科的基础性问题，也是档案管理实践的要求。通过深入研讨和认识此类问题，一方面，可以明确档案的本质及作用，澄清档案管理理论研究的根本问题，有利于内容维度档案管理理论研究的发展和深化；另一方面，与时俱进地充分认识档案属性，有助于发挥档案工作主体的主观能动性，进而更好地进行档案建设和服务，使之在社会进程中发挥应有作用，同时也有利于处理好档案管理活动同其他工作的关系、与历史社会发展的关系。

三、文件（档案）的功能与价值

　　文件（档案）的功能与价值同样也是理解档案和档案管理活动的前提，作为内容维度档案学的重要研究对象，一直以来为档案管理实践者和研究者所关注。由于档案的作用多样、价值表现丰富,人们对此看法和认识各异,立场不同,持论见解互有差异,各以其自己之主观,强调其作用。历史学家视档案为史料,可供编纂史籍之根据与参考。收藏家视老档案为古物。行政家视档案为治事之工具。

(一)档案价值研究

正确理解和把握档案价值,对于完善档案学理论体系和科学地鉴定档案的价值具有重要的理论和实践意义。目前对档案价值的研究主要包括对价值内涵的研究,对价值形态的研究,对价值规律的研究和对价值鉴定的研究等方面。

关于档案价值内涵的研究,档案价值包括自身价值、转化价值和使用价值。其自身价值来源于档案劳动的特征,是转化价值的基础,而转化价值是自身价值的倍数。

关于档案价值形态和档案价值规律的研究。所谓档案价值形态,就是指档案价值的具体表现形式,是对各种档案价值具体的抽象和概括。档案价值与档案价值形态之间是抽象和具体、一般与个别的关系;而由于档案价值是客观存在的,档案价值的实现自然也有一定的规律可循,研究和掌握档案价值形态和实现档案价值的规律性,是为了在尊重这些客观存在和规律的基础上,更合理、更有效地发挥档案作用。

档案价值规律主要有价值扩展律、档案机密程度递减律和档案科学作用递增律。

档案的基本价值包括凭证价值与参考价值;档案的基本作用包括维护国家、集体和个人权益的法律书证及在政治斗争、行政管理、生产建设、科学研究、宣传教育等方面的各种作用。而档案发挥作用的规律,包括档案作用的时效律和扩展律、机密性递减律和社会性递增律、行政作用弱化律和科学作用强化律、档案价值共享律及档案价值条件律。

档案的价值表现形态有知识价值、凭证价值、史料价值和艺术鉴赏价值;其价值运动规律有档案价值转换定律(知识价值随着时间的推移而衰减,并逐渐变成史料价值)和凭证价值守恒定律(档案凭证价值不会随时间发生变化)。

档案价值,依据档案价值的形成发展过程,可分为保存价值与利用价值;根据档案价值的作用性质,可分为凭证价值与情报价值;从空间划分,可分为对形成单位的原始价值与对其他单位和公众的社会价值;从时间划分,又可分为现实利用价值与历史研究价值;从作用范围和领域划分,还可分为行政价值、经济价值、科学价值、文化价值、军事价值和法律价值等。档案价值实现规律有主导律、扩散律、价值扩充律和衰减律。

中国人民大学的张斌是档案价值研究的集大成者,他的著作《档案价值论》对档案价值的现象、本质及其运动规律进行了全面的探讨。全书由档案价值本体论、档案价值认识论和档案价值实现论三部分组成,其中本体论研究了档案价值本身的存在、根源、性质和形态及其方式等方面的问题;认识论包括档案价值认识的含义和内容、认识的系统结构和形式、认识方法和鉴定等;实现论包括档案价值实现的含义和实现规律(如时间对档案价值实现的双向影响规律、社会性递增规律、环境或条件规律)。

（二）档案功能研究

对档案价值的研究离不开对档案功能的关注，两者关系密切：前者是档案这一特定事物在与外部的关系中表现出来的能力、功效或作用，而后者是指档案对利用者需要的满足，是人的需要对档案属性的肯定关系，可以说功能决定着档案的价值，而价值实现又使档案功能得以发挥和显现。两者的区别是，价值具有较高的抽象性，具有比较稳定的特征，而功能则相对比较具体，可以根据环境与需求的变化呈现出多种形式。因而，对档案功能的研究更为丰富多样。

档案的功能和价值主要有：证实功能和社会价值，指导功能和业务价值，物化功能和经济价值。档案具有收集和存储功能、社会历史记忆功能、资政决策功能、授业与教育功能、学术研究功能、休闲功能等。档案内涵的真实性决定档案的自身价值，并由此产生三个方面的社会功用：是获取信息的主要来源，是编史修志的必要基础，是各项工作的重要依据，具体表现为检测、评价、交流、教育、咨询、决策和凭证等功能。

档案的功能在日常存放的状态下是潜在的，只有通过档案利用实践才会显现出来，因而要通过档案利用实践去发现和认识档案功能。该文还分析了拓展档案功能的条件，并提出了应通过加大档案工作宣传力度、优化档案结构、以现代化手段促进档案功能的发挥、转变档案人员的观念等措施来拓展档案功能。

档案来源的广泛性和内容的丰富性，决定了档案功能和价值形态的复杂性和多样性，研究档案价值和功能，有利于发现和掌握其特征和规律，进而提高档案工作的科学管理水平，因而内容维度的这一研究对象具有继续拓展和深入的可能和必要。

> 思考题
> 1. 档案的收集与整理工作的内容是什么？
> 2. 档案的鉴定与保管的含义是什么？
> 3. 简述档案的检索与编研工作的内容。
> 4. 档案管理的研究对象是什么？

第三章 传统文件档案及其管理

★导读：
档案的形式多种多样，除了一般的文书档案，还有一些专门档案。专门档案是一个集合概念，是指在一些专门性活动中产生和形成的档案种类。专门档案在社会生活中的作用十分显著，但由于其形成过程、应用范围不同于一般的文书档案，所以在一些单位并没有引起足够的重视，其管理方法也不规范。本章主要介绍一般文书档案、科技档案、人事档案、会计档案的管理利用方法。

★学习目标：
1. 学习文书档案及其管理的方法。
2. 理解科技档案及其管理方面的内容。
3. 了解人事档案及其管理。
4. 掌握会计档案及其管理方法。

第一节 文书档案及其管理

一、文书档案概述

文书档案是指机关、团体、企事业单位在行政管理和社会事务活动中产生的，由通用文件转化而来的那一部分档案的习惯称谓。文书档案泛指科技档案和其他专门档案之外的一切档案，因而有时也称为"普通档案""一般档案"。在一个机关单位内部，无论是文书档案，还是科技档案和各种专门档案，都是本机关单位工作活动的历史记录。

从档案产生的领域来看，文书档案是机关单位在行政管理和社会事务活动领域中产生的，而科技档案是机关单位在科技生产活动领域中产生的，专门档案则是机关单位在专门业务活动领域中产生的。这是机关单位区分文书档案、科技档案、专门档案的基本方法。

从档案反映的内容来看，文书档案的内容主要反映机关单位的各种行政管理、事务管理活动，具有较强的管理性；而科技档案的内容主要反映科技生产活动，具有较强的专业性；专门档案的内容主要反映各种专门业务活动，具有较强的业务性。但是机关单位在区分文书档案、科技档案、专门档案时，不能仅仅从内容上加以区分，而主要应从产生领域加以区分。如科技管理方面的文件、财务管理方面的文件等就应归入文书档案而不能归入科技档案、会计档案。

从档案形成的规律来看，文书档案往往以机关单位或部门自身作为活动主体，围绕该机关单位或部门形成一个密不可分的档案有机整体；科技档案往往以特定对象作为活动主体，围绕特定对象形成一套完整的档案；而专门档案往往以某一项连续的专门业务作为活动主体，围绕该项专门业务形成一个档案整体。

二、文书档案的收集

档案的收集工作可以分为两大部分：第一，对于单位的档案室来说，主要是按期接收归档的文件和进行必要的零散文件的收集；第二，对于各级各类档案馆来说，主要是接收档案室移交的档案、接收撤销机关档案和征集历史档案。收集工作是档案部门取得档案的手段，也是它们开展其他业务活动的前提。

档案收集工作不是一项简单的事务性工作，而是一项政策性、业务性很强的工作。这是因为：一方面，档案收集工作具有明显的选择性。文件转化为档案是有条件的，在档案收集工作中必须严格把握这些条件，在归档和接收过程中认真筛选。档案选择是按照档案室（馆）藏范围的设计合理并全面进行的。另一方面，档案收集工作受档案形成者档案意识水平、价值观以及档案室（馆）保管条件等多种因素的制约，需要综合研究、统筹规划，提高档案收集工作的质量。

三、文书档案的整理

档案整理工作包括区分全宗、全宗内档案的分类、立卷、案卷排列、编制案卷目录等业务环节。

档案整理工作是分阶段进行的。其中，全宗内档案的分类、立卷、案卷排列和编制案卷目录等业务环节，一般由文书部门或文书人员承担；归档案卷的统一编号和排列由档案室承担；全宗的划分和排列多由档案馆承担。当档案室（馆）接收到整理质量不佳或基本未经整理的零散档案时，需要对档案进行局部或全部程序的整理。

（一）系统排列和编制案卷目录

系统排列和编制案卷目录是指档案室对接收的已经立卷归档的案卷，按照本单位档案的分类和排列规则，进行统一的分类、排列和编号，使新接收的案卷同已入库保存的档案构成一个整体。

（二）局部调整

局部调整是指对已经接收进档案部门的部分质量不合格的案卷所做的局部改动和调

整工作。

（三）全过程整理

全过程整理是指档案部门对于接收到的零散文件所进行的从区分全宗到编制案卷目录的全部整理工作。

四、文书档案的鉴定

（一）鉴定工作的内容

档案界通常所说的档案鉴定，是对档案价值的鉴定。档案价值鉴定工作就是按照一定的原则、标准和方法，甄别和判定档案的价值，确定档案保管期限，剔除失去保存价值的档案并予以销毁的一项业务工作。

档案鉴定工作的内容主要包括以下几方面。

①制定档案价值鉴定的有关标准，包括单行规定和档案保管期限表等。

②具体判定档案的价值，确定其保管期限。

③拣出已无保存价值和保管期满的档案，按规定进行销毁或做相应的处理。

④围绕上述工作而开展的一系列鉴定组织工作。

（二）档案保管期限表

1. 档案保管期限表的含义及作用

档案保管期限表是以表册形式列举档案的来源、内容和形式，并指明其保管期限的指导性文件。

档案保管期限表能够保证鉴定工作的质量和提高鉴定工作的效率。有了保管期限表，就有了一个明确的标准，档案鉴定工作人员可以根据档案保管期限表来统一进行档案鉴定工作，可以避免个人认识上的局限性和片面性，以致造成判定档案价值过宽或过严的倾向，确保准确地判定档案价值，提高鉴定工作的质量。同时，由于标准明确，认识一致，有利于推动鉴定工作的顺利开展，提高鉴定工作的效率。

2. 档案保管期限的种类

档案保管期限表结构通常由顺序号、条款、保管期限、附注以及总的说明等部分组成，其中条款和保管期限是最基本的项目。条款较多的保管期限表，还须把条款加以分类。条款用以列举档案的来源、内容和形式；保管期限则指明不同条款的保管期限。

我国现行的档案保管期限规定为永久、长期和短期三种。归档文件材料保管期限的计算一般从案卷所属年度的下一年1月1日算起。科技文件材料应从归档后（如一个项目分批归档，则从最后一批归档后）的下一年1月1日算起。文书文件材料应从案卷所属年度的下一年1月1日算起。

五、文书档案的保管

档案保管工作是指对档案的日常维护、保护性管理。

档案保管工作的内容主要包括以下三个方面。

①档案的库房管理，即库房内档案科学管理的日常工作。

②档案流动过程中的保护，即档案在各个管理环节中一般的安全防护。

③保护档案的专门措施，即为延长档案的寿命而采取的诸如纸张去酸、字迹恢复、修裱等各种专门的技术处理。

第二节　科技档案及其管理

一、科技档案概述

科技档案（科学技术档案）是保存备查的直接记述和反映科技、生产活动的科技文件。科技档案产生于工矿企业、高等院校、科研单位和设计部门，以及建筑施工、地质、测绘、气象、水文等单位。

科技档案是档案的一大门类，且有自己的形成规律和特点。

①专业性。科技档案产生于各个不同的科技生产领域，具有各不相同的形成过程和规律，反映不同的专业性质和成果，其内容和形式有很强的专业性。

②成套性。科技生产活动的开展都是以一个独立的科技生产项目为对象进行的，如一个课题的研究、一个工程项目的设计和施工、一种型号产品的研发和生产、一个气象过程的观测等，围绕该项目的进行所形成的一系列相关的科技文件，记载和反映了该项目活动的全过程和成果，构成了一个密不可分的有机整体。

③现实性。其他文件归档后基本上完成了现行功能，而科技文件在归档后往往仍具有很强的现实使用性，并将在相当长的时期内继续发挥这种现行功能。

科技档案是科学技术资源储备的一种形式，是发展生产和科学技术，进行现代化建设的依据和条件。充分利用科技档案，能取得技术效用和经济效益。科技档案具有工作查考、科学研究、经验总结和技术交流等多方面的作用。

二、科技文件的积累和整理

科技文件的积累、整理是科技档案管理的基础工作，对于保证科技档案的完整、准确、系统具有重要意义。科技文件的积累和整理，应在档案部门的指导、协助下，由科技业务部门负责承担，成为科技人员的本职工作。

（一）科技文件的积累

科技文件的积累工作，贯穿在从科技文件形成、流通到归档前的全过程，是贯穿科技生产活动始终的工作。这既是科技档案工作的需要，也是科技管理工作的要求。

科技文件积累的一般方法有以下几方面。

①科技人员个人积累。即科技人员个人将自己在科技生产活动中形成的科技文件自行积累。具体做法是：由部门领导或科技项目负责人下达积累工作的要求，科技人员按规定进行具体的积累工作，并将积累文件的数量、内容等进行登记，在适当的时候交由部门或科技项目组的兼职资料员统一整理立卷归档。

②兼职资料员积累。即在科技生产部门或科技项目组设立兼职资料员，由兼职资料员负责日常科技文件的积累和管理工作。

③科技档案部门积累、保管。基层科技档案部门也负责某些类型的科技文件的积累、保管工作，主要是产品或工程设计的底图、蓝图。因为，产品或工程设计的底图、蓝图，在一般情况下，数量较多，且须复制、传递，为便于管理，一般由科技档案部门暂时保管，待产品定型或工程设计完成后正式归档。

（二）科技文件的整理

归档的科技文件应经过系统整理，组成案卷。组织案卷是科技文件整理工作的核心内容，这项工作由有关的科技部门承担，科技档案部门履行监督、指导的职责。

1. 科技文件的立卷

科技文件的立卷就是将一组内容上具有有机联系的、数量适度的、价值和密级基本相同的科技文件组合在一起，形成一个保管单位。保管单位的形式有卷、册、袋、盒等。科技文件的立卷工作具有很强的技术性，不同种类的科技文件应采用不同的立卷方法。

（1）按结构立卷

即根据产品、设备的结构，按其内部的不同组成部分，将科技文件分别组成案卷。如机械产品，可按其组件、部件、零件等结构分别组成若干案卷。

（2）按子项或子课题立卷

即根据基本建设工程的子项或科技研究课题的子课题将科技文件分别组成案卷。如某学校的基本建设工程由行政楼、教学楼、实验楼、学生宿舍、图书馆等子项构成，各子项的科技文件即可分别组成案卷。

（3）按工序或阶段立卷

即根据科技生产活动的程序或工作过程，把反映不同程序或过程的科技文件分别组成案卷。如工艺文件可按加工的不同工序分别组成案卷，科研、设计文件可按科研、设计的不同阶段分别组成案卷。

（4）按专业立卷

即根据科技文件内容所涉及的专业分别组成案卷。如一个机械产品的工艺文件，可按铸造、锻造、热处理、焊接、电镀、油漆等不同专业分别组成案卷。

（5）按问题立卷

即根据科技文件反映的不同问题分别组成案卷。如某项综合调查或考察、某个专业讨论会，可按调查或考察、讨论中的不同问题将科技文件分别组成案卷。

（6）按名称或文件性质立卷

即根据科技文件的不同名称或不同性质分别组成案卷。如设计任务书、计算书、说明书、工程预算或决算、学位论文等可按名称分别组成案卷，或将科技文件按不同性质如原始基础性文件、中间过程性文件、成果性文件分别组成案卷。

（7）按地域立卷

即根据科技文件所反映或形成的地域特征分别组成案卷。如地质勘探文件、地形测量文件和水文、气象观测等文件等均可按地域组成不同案卷。

（8）按时间立卷

即根据科技文件所反映或形成的时间特征分别组成案卷。如自然现象观测活动中形成的文件，可按不同时间分别组成案卷。

（9）按作者立卷

即根据科技文件形成的不同作者分别组成案卷。如将不同专家形成的考察报告、论文、专著手稿等分别组成案卷。

2. 卷内科技文件的排列

卷内科技文件的系统排列也是组织案卷的一项工作内容，其目的是更好地保持和正确反映卷内科技文件之间的有机联系，便于日后的管理和查找利用。

（1）按科技文件目录或编号顺序排列

科技文件中的图样，一般在形成时已有图纸编号和图样目录，这些图号或目录本身就反映了图样合乎实际的排列顺序。因此，按目录或编号排列的方法对图样的排列是非常适用的。对没有目录或编号的图样，机械产品图样可按隶属关系排列，如按照总图—组件图—部件图—零件图顺序排列，如是按组件立卷则可按照组件图—第一部件图及其所属零件图—第二部件图及其所属零件图—直属组件的零件图排列；基本建设工程图样可按总体和局部关系排列，如按照总体布置图—系统图—平面图（或立面图、剖面图）—大样图等排列；地形测绘、测量图样可按图幅比例排列；地质勘探、地震观测图样可按地区特征排列；自然现象观测图样可按时间顺序排列等。

（2）按科技文件特征排列

卷内科技文件如果单纯是文字材料，则可按其重要程度、问题、时间、作者、地区等特征排列。按重要程度排列，就是按照科技文件的重要程度依次排列，重要的在前，次要的在后；按问题排列，就是先将科技文件按不同的问题分为若干部分，然后再按此问题与彼问题之间的逻辑关系进行前后排列；按时间排列，就是按照科技文件形成的时间或其内容所反映的时间进行排列；按作者排列，就是将科技文件按作者进行划分后，再结合其他特征如时间先后等进行排列；按地区排列，就是按照科技文件形成的地区或其内容所反映的地区，并结合其他特征进行排列。

（3）凡文字材料和图样混合立卷的，如果文字材料是对整个对象（如产品、工程、课题）或整个案卷（如部件、专业等）或多份图样进行的总说明，则文字在前，图样在后；如果文字材料只是对卷内某份图样进行补充或局部性说明，则图样在前，文字在后。

3. 案卷编目

案卷编目，是以案卷为对象，通过一定的形式固定案卷系统整理的成果，揭示案卷内科技文件内容与成分的工作。案卷编目的内容包括编页号、填写卷内科技文件目录和备考表、填制案卷封面和脊背标签等。

三、科技档案分类

（一）科技档案分类的基本要求

1. 要符合档案形成专业和形成单位科技活动的性质特点

专业不同、单位类型不同，形成的档案种类、内容构成也不尽相同。例如，机械、化工、纺织、冶金等系统形成的科技档案差别较大；一个专业系统内部不同类型的单位之间，因为分工不同，科技活动不同，档案也存在较大差异。因此，在进行分类时，必须针对科技档案形成的实际情况，选择适宜的分类方法。

2. 在一个单位内部或一个专业系统内部，同一层次的科技档案分类标准应当一致

科技档案的分类是根据某种特性、特征或关系而划分类别的。由于科技档案存在多种特性和特征，如时间、内容、地域等特征，结构关系、工作程序、专业性质等联系，因此，分类标准是多种多样的，但是，在一个单位内部，同一层次之间只能采用一个分类标准。例如，某建筑设计院对于工程设计档案可以采用按项目分类，也可以采用按专业分类，但是，在具体的分类中，就应当或者按项目分类，或者按专业分类，而不能在同一层

次上既有项目分类，又有专业分类。交叉使用分类标准将导致档案整理的混乱，故必须杜绝交叉分类。

3. 分类成果应当"固化"

对于一个单位档案的分类，必须在确定类别前，对本单位的全部档案（包括科技档案）进行准确系统的研究，在划分类别后，应当保持相对固定、稳定，不要随意更改，否则将造成严重后果，如增加重复劳动、增加营运成本、降低利用效率。

（二）科技档案实体分类

科技档案实体分类重点在于编制科技档案分类方案，即通过文字、数字、代号和图表来表现科技档案的类目体系及其纵向和横向的关系。借助于这个分类方案，可以使本单位科技档案的归属脉络清晰，一目了然，能掌握一个单位科技档案的基本情况。分类方案的编制应与本单位科技文件的分类方法协调一致。

1. 科技档案分类方案的编制规则

（1）分类方案类目体系的可包容性

分类方案应能包容全部内容，使每种科技档案、每份科技文件都能够在分类方案的类目体系中找到自己应有的位置。同时，分类方案还要预测本单位在一定时期内科技档案的发展情况。

（2）分类方案类目体系的严整性

分类方案类目体系的纵向关系开展和横向类目排列应符合分类规则。分类方案的类目体系是由各大类和各级属类构成的反映类目之间关系的分类系统，体现了一种层次关系，它表现在纵向和横向两个方面。

从纵向来讲，类目体系表示大类以及由其逐级展开的各级属类之间的从属关系，类似于总体和部分的关系。例如，科技档案的一个大类包含若干较小的类，一个较小的类又包含更多更小的类，依次类推。

从横向来讲，类目体系表示各级同位类之间的关系，并用平行排列的方式表达同位类之间的并列关系。同位类既有大类间的同位类，也有属类（包括各级属类）间的同位类。

（3）分类方案类目体系的相对稳定性

在一个单位内部，科技档案分类方案必须保持长期的相对稳定性，不宜经常地或频繁地更改分类方法和分类体系。

（4）科技档案分类方案的结构严谨性

科技档案分类方案的结构包括分类表、说明、代号和索引。

2. 科技档案分类方案的编制步骤

（1）划分大类，确定类列

根据科技档案的基本种类设一级类目，有多少种科技档案，就设多少个一级类目。如生产、设备、基建、科研、产品等一级类目的设置。国家档案局曾制定了《工业企业档案分类试行规则》（以下简称《分类规则》），对工业企业档案的一级类目设置做出了规定。对一般生产性企业来讲，可以基本按照《分类规则》的类目套用；对非生产型企业，则应根据自身形成档案的内容和性质设一级类目，如商业企业可设业务类等。

（2）划分属类，形成类系

在每个大类中，根据科技档案的内容构成和形成特点，按照已确定的分类标准和形成特点，设置相应的上位类和下位类（属类、小类），形成不同类别层次，构成一个完整体系。

（3）确定类列排序

大类之间不是随意排列的，应突出科技档案的主体。例如在工厂，产品档案是主体；在设计单位，设计档案是主体；在地质部门，地质档案是主体。应把反映主体的科技档案放在大类之首。

（4）明确代字、代号

给每个类目一个固定的类目代字或代号，用英文字母或阿拉伯数字。

（5）制成文件或图表

把由类列和类系组成的类目体系用方案叙述方式或图表表达方式表达出来，形成完整的科技档案分类方案。

（6）撰写分类方案的编制说明

编制说明即指出编制的依据、分类标准、类目代字和代号的使用方法等。

四、科技档案的提供利用

科技档案的提供利用，是指科技档案部门采用多种有效的方式，直接提供科技档案及其信息加工材料，及时、准确地满足利用者的需求。

科技档案提供利用的方式如下。

（一）借阅

开展科技档案借阅，是科技档案部门提供利用的基本方式，包括内部借阅和外部借阅两种形式。内部借阅是指本单位科技人员借阅档案，其借阅方式有阅览和借出两种。外部借阅是指在某些特殊情况下，外单位因工作需要可暂时外借，但这种外借应有严格的制度规定并办理相关手续。

（二）复制供应

复制供应是指以晒印蓝图、静电复印件、缩微胶卷（片）等复制材料为利用者提供利用服务。它是科技档案提供利用的一种重要形式，包括对内复制供应和对外复制供应两种。

（三）科技咨询

科技咨询是指科技档案部门以科技档案为依据，通过综合、分析，研究科技档案信息，为利用者解答有关科技档案状况或有关科学技术内容的一种服务方式。

（四）陈列展览

陈列展览是指把科技档案中的一部分，按照一定的专题陈列展出，让科技人员自行阅览，获取其所需科技档案信息。

（五）信息交流

信息交流是指科技档案部门通过印发目录和编辑出版编研成果，报道和交流科技信息。

第三节　人事档案及其管理

一、人事档案概述

（一）人事档案的定义

人事档案是国家机构、社会组织在人事管理活动中形成的，记述和反映个人经历、德才能绩、工作表现的，以个人为单位集中保存以备查考的文字、表格及其他各种形式的历史记录。

（二）人事档案的作用

①人事档案是考察、了解员工的重要手段。

②人事档案是做好组织、人事工作不可缺少的依据。

③人事档案是澄清个人问题的凭证。

④人事档案可为人才开发提供信息和数据。

⑤人事档案是编写人物传记和专业史的宝贵史料。

二、人事档案的收集

（一）人事档案收集工作原理

人事档案收集工作应依据如下基本工作原理来进行。

1. 过程控制与结果控制原理

人事档案的管理主体有责任明确人事档案管理的业务工作流程，合理选择控制节点，清楚描述每个节点应形成的人事档案材料的种类和内容要求。人事档案的管理主体应重视结果控制，做好日常接收材料的审核工作，保证材料的合规性、真实性和可靠性。

2. 精细化管理原理

注意细节，保证材料的真实性、完整性。确保人事档案作为人力资源管理工具的有效性，防止用人失察、用人失当、用人失误等问题的发生。

细节决定成败，没有严格的精细化管理，就会造成人事档案管理的失败。

3. 动态化管理原理

人才流动服务机构应加强与人员及其现所在工作单位的联系，做好档案材料的收集工作，不断充实人事档案的内容。注意：人事档案是一种动态性和延展性很强的专门档案，它会随着人员的成长而生长。管理人事档案的机构必须按照人事档案的形成规律和特点，不断补充相关人员的记录材料。

人事档案收集工作需要注意的几个问题主要包括以下几点。

第一，材料必须是办理完毕的正式材料。

第二，材料必须是真实、完整齐全、文字清楚、对象明确、写明承办单位或个人署名的材料，有形成材料的日期。

第三，必须是手续完备的材料。对于考察任免等材料，必须注明批准机关名称、时间和文号。

第四，档案材料最好统一使用A4规格的办公用纸，材料左边应留2～2.5厘米订边。不得使用圆珠笔、铅笔、红色及纯蓝墨水和复写纸书写。除电传材料需要复印存档外，一般不得用复印件代替原件存档。

第五，注意相对人基本信息的收集和补充，包括身份证复印件、联系方式（本人及亲属）信息、供职单位信息等。

第六，注意履行告知义务，消除相对人的误解，提供服务指南和帮助信息。需要告知的事项包括：人事档案与相对人切身利益的关系，人事档案相对人的义务，用人单位的责任与义务，人事档案管理机构的服务项目和工作流程，等等。

第七，注意制度建设，强化规范化管理。坚决做到档案不合格的不接收，材料不符合要求的不归档。

（二）人事档案的归档

1. 人事档案材料的归档范围

做好收集工作，首先应明确收集什么。依据中共中央组织部制定的《干部人事档案材料收集归档规定》的精神。人事档案材料的归档范围包括调配、任免、考察考核材料，录用材料，办理出国、出境材料，各种代表会材料，工资待遇材料，学历和评定岗位技能材料，职称材料，加入党团组织材料，政审、考核材料，奖励与处分材料，履历、自传、鉴定材料，科研材料，残疾材料，其他材料。

2. 人事档案材料的归档要求

①必须是办理完毕的正式文件材料。

②材料必须完整、齐全、真实、文字清楚、对象明确、写明承办单位及时间。

③手续完备。凡规定应由组织审查盖章的，须有组织盖章；凡须经本人见面或签字的，必须经过见面或签字。

④档案材料须统一使用16开规格的办公用纸。

三、人事档案的保管范围

人事档案的保管范围，是依据统一领导，分级管理，管人与档案相一致的原则确定的。合理划分人事档案的保管范围，是统一领导、分级管理的原则落在实处的举措，有利于人事档案的科学保管、转递和利用工作的顺利进行。

我国人事档案的管理体制，是与干部的任免权限相一致的，干部由哪一级任免，工人由哪一级招收，档案就由哪一级管理。任免权限改变了，人事档案的保管也随之改变，做到人档统一。如果两者脱节，组织上一旦要了解该人的情况，会因找不到相应的档案而影响对其了解和使用；该归档和补充的档案材料，不能及时归档和补充。如若保管范围混乱，人事档案部门积压的人事档案就不能发挥作用。

四、人事档案的转递和查阅

（一）人事档案的转递

人事档案工作是为人事工作服务的，只有对人员的管理和人事档案管理相一致，才有利于发挥人事档案的作用。做好转递工作是保持管人与管档案相一致的有效措施，是保证人事档案工作及时为人事工作服务的必要条件，是维护人事档案的完整与安全的一项重要业务建设，也是人事档案部门接收人事档案和充实档案内容的重要途径之一。

1. 转递工作的要求

（1）及时

为避免管人与管档案脱节，发生有人无档或有档无人的现象，必须及时转递人事档案。中共中央组织部下发的《转递干部档案材料的通知》中明确规定：干部档案材料应于干部调走三天内转走，不得积压。人事管理部门在员工提升、调动、转业、复员、离休、退休的决定或通知下达后，应及时抄送或通知人事档案部门，以便续填职务变更登记表和转递人事档案。

（2）准确

转递人事档案必须以任免文件或调动通知为依据，在确知有关人员新的主管单位后，直接将人事档案转至该人新的主管单位。不要把人事档案转到非人事主管单位的上级机关或下级机关，更不能盲目外转。

（3）安全

转递人事档案工作，应确保人事档案材料的绝对安全，杜绝失密、泄密和丢失现象。转递人事档案只能用机密件通过机要交通转递，也可由转出或接收单位派专人送取，不准本人自带，不得以平信、挂号、包裹等形式公开邮寄。凡转递人事档案，均应密封并加盖密封章，详细填写统一的"人事档案转递通知单"，确保其绝对安全。

2. 转递人事档案的原因和方式

转递人事档案的原因有：员工职务变动（提拔、免职、降职）改变了主管单位；员工跨单位、跨系统调动；员工所在单位撤销或合并入新单位；干部任免权变化与人事管理范围的调整，人事档案的管理范围也进行相应的调整，员工所在单位的隶属关系发生变动；干部进入院校学习毕业后统一分配，中专、高等院校毕业生分配工作；军队干部转业到地方安置或复员；员工离休、退休后异地安置；员工辞职、退职、开除公职、刑满释放、解除劳教后重新就业的；员工死亡后，按规定应向相应档案馆（室）移交的；"无头档案"查到下落的，形成人事档案材料的单位需要向主管单位人事档案部门移交的；等等。遇有上述情况者，应按规定转递其人事档案。

转递人事档案的方式主要有零星转递和成批移交。零星转递是指日常工作中经常的、数量不大的人事档案材料及时转递给有关单位，这是转出常用的主要方式，一般通过机要交通来完成。成批移交主要是指管档单位之间数量较多的人事档案的交接，经交接双方商定，由接收单位或移交单位派专车、专人到移交（或接收）单位取送，若移交与接收单位相距太远，则通过机要交通转递。

3. "无头档案"形成的原因及其处理方法

"无头档案"是由于不知员工去向而积存在人事档案部门的人事档案材料。"无头档案"长期积压在人事档案部门，既转不出去，又不能销毁，不仅不能发挥作用，而且还需要花费人力、物力去管理，无疑是一种浪费。员工的主管单位由于有人无档，增加了对员工考察了解的难度，影响对员工的培养、选拔和使用。因此，人事档案管理部门既要重视对已有"无头档案"的处理，又要防止产生新的"无头档案"。

（1）"无头档案"形成的原因

之所以有"无头档案"主要是由于档案人员不稳定，制度不健全，档案工作与人员调动、任免工作脱节，转递不及时、不准确、不彻底等因素造成的。员工已经改变了主管单位，没有及时转递人事档案做到档随人走，使人与档案脱节，时间久了，情况一变再变，人员去向不明，而形成了"无头档案"。转递时，对接收单位名称不清楚或书写不准确，接收单位收到后又未仔细查对，误收误存，久而久之，人档脱节，找不到档案当事人下落。人事档案材料的收集、归档不及时，或对收集来的零散材料没有及时整理，而转递人事档案时，只转走整理好的，余下的零散材料，时间一长就转不出去，形成了"无头档案"。

（2）对"无头档案"的处理

对"无头档案"处理的主要方法是：先对"无头档案"清理鉴别，分清有无价值。无价值的档案，造册登记，报领导审核批准后，予以销毁。有价值的档案，详细登记，积极查询该人的主管单位。必要时人事部门印发被查询员工基本情况名册，发至各地人事部门广为查找，经过多方查询实在无下落者，可将有价值的材料，转至当事人原籍的县一级组织、人事部门代为查找，或移交县档案馆保存。

（二）人事档案的查阅

查阅人事档案总的原则是：宽严适度，内外有别，灵活掌握，便于利用。就利用者而言，由于人事档案是人事工作的重要依据和工具，组织、人事、劳动部门利用档案应从宽，其他部门利用档案应相对严一些。就利用范围而言，高级干部、中级干部、有贡献的专家、学者和有影响的知名人士，以及机要人员的人事档案，提供利用时从严掌握，严格审批手续，对一般干部、工人、学生的人事档案，利用范围可从宽一些。

根据有关规定，员工的主管单位，组织、人事、劳动、纪检、监察、保卫、军法、检察等部门，凡因人员任免、调动、升学、提拔、出国、入党、入团、福利待遇、离休、退休、复员、转业、纪律检查、组织处理、复查、甄别、治丧等，要了解该人的情况，可以查阅和借用人事档案。其他单位不得直接查阅和借用人事档案，如确因工作需要，须办理手续。

第四节 会计档案及其管理

会计档案是指各类机构在经济管理活动中产生的会计凭证、会计账簿和会计报表等具有保存价值的并作为历史记录保存起来的会计核算专业材料；会计档案工作则是财会部门和档案部门按照有关法规保管和提供利用会计档案的活动。

一、会计档案和会计档案工作

（一）会计档案

1. 会计档案的来源

会计档案主要是由各类单位的财务会计部门或财务会计人员在会计核算的工作中形成的。会计核算就是对会计对象进行连续、系统、完整的记录和计算。整个会计核算方法是一个完整的体系，它以原始凭证为依据，以会计科目为分类标志，以记账凭证和账簿为工具，运用一定的记账方法，按照一定的程序完成整理、计算和登记工作。原始凭证、记账凭证、各种账簿和各种会计报表等在处理完毕后就转化为会计档案。

2. 会计档案的分类

会计档案一般分为四大类，即会计报表、会计账簿、会计凭证和其他。

会计凭证、会计账簿和会计报表既在作用上有区别，又是一个密切联系的会计核算体系。会计凭证是经济活动、资金运转的合法证明；会计账簿是会计凭证的系统分类核算记录；会计报表是会计账簿记录的更概括、更全面、更系统的定期的综合指标反映。会计报表中的年度决算，则是年度国家预算、单位预算和各项财务收支计划执行结果的总结。

（二）会计档案工作

1. 会计档案工作的管理体制

鉴于会计档案工作的特殊性，我国建立了符合财会工作规律和要求的从中央到基层的会计档案管理体系。

（1）财政部与国家档案局负责全国会计档案事务

从全国来看，会计档案工作由财政部和国家档案局负责领导和管理，具体表现是：第一，财政部制定、颁发了《会计基础工作规范》，对建立会计岗位责任制、使用会计科目、填制会计凭证、登记会计账簿、编制会计报表、管理会计档案、办理会计交接等事项做了具体规定，并将"管理会计档案"作为会计人员的重要职责之一。第二，财政部和国家档案局联合制发了《会计档案管理办法》，对会计文件的立卷、归档以及会计档案的保管、调阅与销毁，都做了明确的规定。第三，《中华人民共和国会计法》对会计档案的管理规定了明确的条款，把我国会计档案的管理纳入了依法办事的轨道。

（2）地方财政部门和档案行政管理机关对会计档案工作实施指导、监督和检查

在地方，会计档案工作由地方财政管理部门和档案行政管理机关依法同时结合本地区的特点来制定会计档案管理的地方性法规，从而贯彻国家的法规，对本地区的会计档案工作实施指导、监督和检查。

2. 会计档案管理制度

（1）以《中华人民共和国会计法》为准绳，依法管理会计档案

《中华人民共和国会计法》第二十三条规定：各单位对会计凭证、会计账簿、财务会计报告和其他会计资料应当建立档案，妥善保管。会计档案的保管期限和销毁办法，由国务院财政部门会同有关部门制定。将会计档案的管理用法律的形式规定下来，既说明了会计档案对于国家建设和管理的重要意义，也为会计档案的管理明确了法律依据。我们在会计档案的形成和管理活动中必须依法办事，保证会计档案的真实、完整和安全。

（2）按照《会计档案管理办法》的规定，制定具体实施办法

由于各地区、各部门、各单位的具体情况不同，在会计档案的具体管理上不可能完全一致。因此，允许各地区、各部门参照国家的会计制度，自行制定会计档案的具体管理办法。

（3）适应形势发展的需要，不断完善会计档案管理办法

形势的发展，会对会计工作提出新的要求；计算机技术在财务会计工作中的应用，也使会计档案的载体形式发生很大的变化，会计档案管理工作面临着一些新的问题。为此，我们应该根据现实的情况，不断补充和完善会计档案的管理办法，使会计档案的管理工作始终处于科学的规范之中。

二、会计档案的收集与保管

（一）会计档案的收集

会计档案的收集是指按照规定将会计凭证、会计账簿和会计报表集中归档、统一保存的活动。会计档案的收集工作要认真贯彻"统一领导，分级管理"的原则，各单位的会计档案要实行集中统一管理；同时，会计档案的收集工作要符合会计工作的规律，遵循会计档案的形成规律，要保证会计档案的齐全、完整和安全。

1. 归档范围

归档的会计文件材料主要来源于财政机关总预算会计、单位预算会计、中国建设银行会计、机关经费会计、税务机关的税收会计、企事业单位会计及建设单位会计等。会计文件材料的归档范围主要包括会计凭证、会计账簿和会计报表等会计核算专业材料。

2. 归档职责

各单位应将会计文件的积累和归档列入会计人员的职责范围，建立归档制度并明确归档范围和登记办法。根据会计文件形成的具体情况，应将归档或收集渠道落实到人，以保证会计档案的收集质量。

3. 分散会计档案的收集

在正常情况下，会计档案的收集是通过执行归档制度完成的，但是，出于某些原因，有些会计档案未能及时归档而分散于各处。针对这种情况，应采取措施，将分散的会计档案收集齐全。例如：各单位应清楚地掌握历任会计的任职情况，必要时，逐人逐年地收集会计文件；如果发现会计文件丢失或损毁的问题，要出具说明材料，并报领导审核。

（二）会计档案的保管

1. 会计档案装具

会计档案装具主要是指用来保护会计凭证、账簿、报表的盛装用具。它既能减少频繁利用存放的机械磨损，又能有效地防光、防尘、防有害气体直接对档案的危害，是保护会计档案的一种较好的办法。

（1）会计档案盒的制作要求

用250克的牛皮纸印刷、折叠而成。它存放整齐、美观、搬动方便。对制作会计档案盒有一定的技术要求，一般应符合下列条件。

①制作卷盒的材料要坚固耐用，又要采取防虫措施，在制作时应加一定的防虫药剂。

②卷盒应取存方便，减少机械磨损。

③卷盒表面要光滑，便于除尘。

④卷盒尺寸应以放存案卷方便为准。

（2）会计凭证档案盒

会计凭证档案盒的规格一般为：长25厘米，宽22厘米，高（厚度）3～5厘米。总之，会计凭证盒要略大于装订好的凭证。在会计凭证盒的脊背上装上塑料膜，以备往上插会计凭证卡片，卡片上印有"会计凭证、类别、年、月、卷号、保管期限"等项即可，以方便拆换。因为会计凭证保管期限较短，一般不超过15年即可销毁，会计档案盒可以较长时间使用，这样只要按时换去卡片即可继续使用，而且可以节省大量经费。使用时，将印有"会计凭证"字样的一头朝外放入档案架或柜橱内，查找利用十分方便。

（3）会计账簿档案盒

会计账簿档案盒的规格为：长30厘米，宽22厘米，高3~5厘米。在盒盖翻口处两边的适当位置要设置穿扣，使盒盖能紧扣住卷盒。在会计账簿档案盒的脊背上印上"科目""目录号""案卷号""保管期限"等项即可。存放时，将会计账簿档案盒的脊背向外放入档案橱内，科目醒目，方便查找。

（4）会计报表档案盒

会计报表档案盒的规格为：长30厘米，宽22厘米，高3~5厘米，与会计账簿档案盒类似。在其封面上印制编号、密级、年度会计报表、编报单位、单位负责人、会计主管、填报人、保管期限等项。脊背上印制"会计报表""年代""目录号""案卷号""保管期限"等项。如果会计报表较厚，要采取特殊的方法予以保管。

2. 会计档案的排放

接收入库的会计档案经登记后，即可排放于档案装具之上；固定其存放位置。会计档案排放要做到整齐一致；如果有规格不一的会计档案，应适当分类，尽可能排放整齐。

会计档案的排放一般有两种方法：第一种是会计粘附排放法，即将一个会计年度形成的全部会计档案分为凭证、账簿、报表、其他四大类，按保管期限依次排放；这种方法适用于会计年度形成档案较少的单位。第二种是会计档案形式排放法，即先将全部会计档案按凭证、账簿、报表、其他四大类分别排列，在四大类内再按会计年度排列；这种方法适合于会计年度形成会计档案数量较多的单位。

三、会计档案的整理

会计档案的整理是指按照会计工作的基本环节对会计档案进行分类、立卷、排列、编目等工作，使会计档案构成有机的体系。整理工作对于会计档案的保管、查找利用具有重要作用。

（一）会计档案的分类

分类是系统组织会计档案的重要方式，目前主要有如下几种方法。

1. 会计年度—形式（凭证、账簿、报表）—保管期限分类法

这种分类方法是首先将会计文件按照会计年度分开，再将一个会计年度的会计文件按凭证、账簿和报表分为三大类，在三大类内再按永久、25年、15年、10年、5年的顺序排列；按会计年度顺序编制流水号。这种分类方法适用于单位的预算会计、企业会计。

2. 会计年度—保管期限—组织机构分类法

这种分类方法是首先将会计文件按会计年度分开，再将一个年度的会计文件按保管期限分开，然后，在同一保管期限内，按照单位的内部组织机构的顺序进行排列，同一内

部组织机构的会计文件先排报表，后排账簿与凭证；按会计年度顺序编制流水号。这种分类方法适用于各级总预算会计单位。

3. 会计年度—会计类型—形式—保管期限分类法

这种分类方法是首先将会计文件按会计年度分开，再将一个年度的会计文件按税务部门的税收计划、税收会计、经费会计等会计类型分类，在各会计类型下再按报表、账簿、凭证顺序结合保管期限进行排列。这种分类方法适合于专业性强的各级税务机关的会计档案。

（二）会计档案的立卷与调整

会计档案的立卷应遵循经济活动和财务收支的规律，由财务部门办理终结后，将凭证按照现金、银行存款、销售往来等会计科目装订成册；各类账簿也按科目成册形成案卷，作为会计档案的基本保管单位。

在整理加工过程中，对账簿的处理有两种方法：第一，对固定式的账页，为了保持原貌，不需拆除空白页；填写账簿启用表，并在账皮上贴账簿案卷封面。第二，对活页式账页，填写账簿启用表，拆除空白页，编好页码，加账簿案卷封面和备考表后，进行装订。

（三）会计档案的目录

会计档案案卷目录，是按保管单位进行登记编制的，著录案卷内容和成分并按一定次序编排的用于检索的案卷名册。会计档案案卷目录的项目主要有案卷顺序号、案卷号、原凭证号（或文号）、案卷标题、起止年月日、张数、保管期限、存放位置、备注等。

会计档案案卷目录的项目及填写方法如下所述。

①顺序号。顺序号指会计档案在案卷目录中顺序排列的序号，用阿拉伯数字填写。

②案卷号。案卷号指每个案卷在该目录中的流水号。一本目录内不能有重复的案卷号。

③原凭证号。原凭证号指记账时按科目赋予的凭证编号。无原始凭证号的，可填写该凭证册上的编号。

④案卷标题。案卷标题指案卷封面上的标题。

⑤起止年月日。起止年月日指案卷最早形成年、月、日至最后形成年、月、日。

⑥件数和页数。件数指卷内会计档案的份数，页数指填写案卷的总页数。

⑦保管期限。保管期限指会计档案的保存时间，分为永久、25年、15年等几种。

⑧存放位置。存放位置指会计档案存放库房号以及柜（架）、格、盒的编号。

⑨备注。备注部分填写需要说明的事宜。

四、会计档案的鉴定与销毁

会计档案的鉴定是指划分会计档案的保管期限，对其进行初步鉴定、复查鉴定和对丧失价值的会计档案予以销毁的工作。

（一）会计档案的保管期限

会计凭证，一般情况下不需要永久保管，保管一定时期（例如15年）基本上可以满足查找利用的需要。会计凭证，天天月月产生，日清月结，数量很大，都作为永久保存，既无必要，也不可能。

会计账簿保存15～20年即可，也不需要永久保存。这主要是因为会计账簿中的一些项目和数字已被会计报表所代替，会计账簿保存一段时期后查找率就会很低。

会计报表，特别是其中的年度会计报表（决算），需要永久保存。季度报表、月份报表保存3～5年。如果年度报表过于简略，或年度报表遗失，需要季度报表、月份报表辅助，则季度报表、月份报表可酌情适当延长保管期限。

（二）会计档案的销毁

1. 编制会计档案销毁清册

会计档案销毁清册是对经鉴定认定无保存价值的会计档案进行登记的目录名册，是销毁会计档案的依据。

2. 编制会计档案销毁审批报告

会计档案销毁审批报告是对需要销毁的会计档案情况的书面说明。它要上报单位的领导、上级主管部门以及上级财政部门和档案部门审批；销毁工作完成后，还要由监销人员和销毁人员在报告上签名盖章。

五、会计档案的提供利用

（一）会计档案的检索工具

1. 案卷目录

案卷目录的编制方法有：第一，编制会计凭证、账簿、报表三者合一的会计档案案卷目录。第二，分别编制会计凭证目录、会计账簿目录、会计报表目录。第三，分保管期限编制不同的会计档案的案卷目录。其中第三种编制方法与会计档案的排列、编号一致，比较有利于档案的保管、移交和销毁。

2. 专题目录

专题目录是根据国家经济建设和编制长远规划的需要，将历年案卷目录中有关生产、基建、供销、经费的内容以及财务决算及说明等按照专题编制的目录。

（二）会计档案的编研工作

会计档案编研工作的主要内容是根据档案的内容和本单位的需要编制一定形式的档案参考资料。通常会计档案管理部门以编制数据性档案参考资料为主。

1. 基础数字汇集

基础数字汇集是利用会计档案中各方面的数据信息，将立档单位经济管理活动的数据按若干项目编辑而成的一种档案参考资料。其作用是供单位领导和业务人员全面、系统地掌握情况。

2. 重要数据汇集

重要数据汇集是按照时间顺序，将资金、产值、利润、利税、工资、奖金、成本等分项制成表格而形成的档案参考资料。

3. 阶段性资金分析表

阶段性资金分析表可使领导从某一阶段企业经营情况来研究企业的经济发展概况，或与某一阶段企业经济活动规律进行对比，以总结企业发展或经营的经验教训。

4. 企业历年经济效益曲线图

横坐标为年度，纵坐标为企业经济效益，每年的经济效益在平面上对应一个点，将这些点用线段连接起来，形成企业历年经济效益曲线图，从而可以直接从曲线上看出企业经济效益发展的变化规律。

思考题

1. 说说文书档案概述。
2. 科技文件的积累和整理工作有哪些？
3. 简述人事档案的管理。
4. 会计档案的分类有哪些？

第四章　声像与实物档案及其管理

> ★导读：
> 声像档案和实物档案是档案管理工作中比较特殊的对象，它们有别于传统以文字记录信息的纸质档案，而是通过声音、图像或实体来保存和传递档案信息，在管理方法上也不同于传统的纸质档案。
>
> ★学习目标：
> 1. 学习照片档案及其管理方面的知识。
> 2. 理解录音、录像档案及其管理的内容。
> 3. 掌握实物档案及其管理方面的内容。

第一节　照片档案及其管理

一、照片档案的构成与种类

《照片档案管理规范》指出，照片档案是国家机构、社会组织或个人在社会活动中直接形成的、以静止摄影影像为主要反映方式、有保存价值的历史记录。

（一）照片档案的构成

照片档案主要由底片、照片及文字说明材料所构成。

1. 底片

底片分为原底片与翻版底片。原底片是照片在形成过程中，最初产生的底片。原底片是照片档案的最原始材料，也是照片档案中的重点部分。翻版底片，又称"复制底片"。复制底片的目的，除了保护原底片以外，还在于补充缺损或遗失的底片。一旦原底片损坏或损失，就可以将翻版底片补充进去，作为照片档案保管。

2. 照片

照片是通过底片洗印而成的。照片清晰，便于辨认，一般情况下，归档的每张底片均附有一张照片。在底片损坏或遗失时，还可以根据照片翻制。随底片同时归档的照片，可以作为档案保存。

3. 文字说明材料

文字说明材料主要是指照片的题名与文字说明。照片上所表现的形象只是事件的一个或几个片段，它所反映和说明的事实具有一定的局限性，需要有文字说明加以补充。照片和文字说明是相辅相成的，是互不可分的整体。

（二）照片档案的种类

照片档案的种类很多，从照片的体裁可以分为以下几类。

1. 新闻照片档案

新闻照片档案是将已经选编并办理审批手续，完成新闻报道任务后的新闻照片，配以文字说明，经过分类整理集中保管起来的并对今后具有连续宣传价值和查考利用价值的新闻照片材料。

2. 科技照片档案

科技照片档案是记录和反映自然界中的各种现象的某个过程、某种现象的照片。

3. 艺术照片档案

艺术照片档案是摄影造型艺术照片筛选而成，包括人像照片档案、风景照片档案、花卉照片档案、动物照片档案以及经过加工的历史文物照片档案、工艺美术品照片档案等。

二、照片档案的管理

（一）照片档案的收集归档

1. 收集原则

①以我为主。以本单位形成的并能反映本单位职能活动的声像材料作为收集重点。

②突出主题。要能反映出重要活动、会议等的主要内容、场景、人物的实况。

③质量精良。进行精心挑选，选择主题鲜明、影像清晰、画面完整、未加修饰剪裁的声像材料归档。

④内容齐全。照片档案要有照片、底片、文字说明（含事由、时间、地点、人物、背景、摄影者等）齐全，而且照片与底片相符。

2. 收集方法

①集中收集。有计划、有针对性地进行阶段性收集，这是声像档案收集的重要途径。

②定向收集。向某项活动的主办、承办单位或参与活动的单位和个人进行重点收集。

③直接参与收集。派人直接参与现场拍摄。

④随时收集。档案人员平常要注意收集有关活动信息，发现线索及时跟踪，及时收集。

3. 收集范围

①记录本单位主要职能活动和重要工作成果的照片。

②领导人和著名人物参加与本单位、本地区有关的重大公务活动的照片。

③本单位组织或参加的重要外事活动的照片。

④记录本单位、本地区重大事件、重大事故、重大自然灾害及其他异常情况和现象的照片。

⑤记录本地区地理概貌、城乡建设、重点工程、名胜古迹、自然风光以及民间风俗和著名人物的照片。

⑥其他具有保存价值的照片。

4. 收集要求

①对属于收集与归档范围的照片，应按照规定定期向本单位档案机构或档案工作人员归档，集中管理，任何单位或个人不得据为己有。

②对存有真伪疑义的照片应采取必要措施进行鉴定。

③对反映同一内容的若干张照片，应选择其主要照片归档。主要照片应具备主题鲜明、影像清晰、画面完整、未加修饰剪裁等特点。

④底片、照片、说明应齐全。

⑤底片与照片影像应一致。

⑥对无底片的照片应制作翻拍底片；对无照片的底片应制作照片。

⑦照片档案的移交和征集应符合有关标准的要求。

5. 收集时间

①对具有归档价值的照片，其摄影者或承办单位应及时整理，向档案室归档，一般不应跨年度。

②依照《中华人民共和国档案法实施办法》的规定，照片档案随立档单位其他载体形态的档案一起向有关档案馆移交。在特殊情况下，经同级档案行政管理部门同意可以提前或延迟移交。

③档案馆应按收集范围随时征集零散的对国家和社会具有保存价值的照片。

（二）照片档案的整理

照片档案的整理应遵循有利于保持照片档案的有机联系、有利于保管、有利于提供利用的原则。

1. 底片的整理

（1）底片的编号

底片号是固定和反映底片在全宗内排列顺序的一组字符代码，由全宗号、保管期限代码、张号组成。其格式如下：全宗号—保管期限代码—张号。

全宗号：档案馆给立档单位编制的代号。

保管期限代码：分别用"1、2、3"或"Y、C、D"对应代表永久、长期、短期。

张号：在某一全宗某一保管期限内底片的排列从开始的顺序编号。

（2）底片号的登录

宜使用铁笔将底片号横排刻写在胶片乳剂面片边处（刻写不下时，前段可不写），不得影响画面；也可采用其他方式将底片号附着在胶片乳剂面片边处，不得污染胶片；底片号登录顺序应与照片号登录顺序保持一致。

（3）底片袋的标注

底片放入底片袋内保管，一张一袋。应在底片袋的右上方标明底片号。对翻拍底片，应在底片袋的左上方标明"F"字样。对拷贝底片，应在底片袋的左上方标明"K"字样。

（4）底片的入册

底片册一般由297毫米×210毫米大小的若干芯页和封面、封底组成；应按底片号顺序将底片袋依次插入底片册；芯页的插袋上应标明相同的底片号；对幅面超过底片册芯页尺寸的大幅底片，应在乳剂面垫衬柔软的中性偏碱性纸张后，放入专用的档案袋或档案盒中，按底片号顺序排列。

（5）册内备考表

册内备考表项目包括本册情况说明、立册人、检查人、立册时间。册内备考表应放在册内最后位置。

（6）底片册的排列

底片册的封面应印制"底片册"字样。底片册册脊的项目包括全宗号、保管期限、起止张号、册号。底片册按照全宗号保管期限、册号的顺序排列，上架保存。

2. 照片的整理

（1）照片的分类

应在全宗内按保管期限—年度—问题进行分类。跨年度且不可分的照片，也可按保管期限—问题—年度进行分类。分类方案应保持前后一致，不应随意变动。

（2）照片的排列

应在分类方案的最低一级类目内，按问题结合时间重要程度等进行排列。为便于提供利用，照片排列及入册时应同时考虑不同保密等级照片的定位。

（3）照片的编号

照片号是固定和反映每张照片在全宗内分类与排列顺序的一组字符代码，由全宗号、保管期限代码、册号、张号或全宗号、保管期限代码、张号组成。

（4）照片的入册

照片册一般由 297 毫米 ×210 毫米大小的若干芯页和封面、封底组成。芯页以 30 页左右为宜，有活页式和定页式两种。应按照分类、排列顺序即照片号顺序将照片固定在芯页上，组成照片册。对于照片册放置不下的大幅照片，可将其放入专用的档案袋或档案盒中，按照照片号顺序排列，如竖直放置，应首先将照片固定在专用的纸板上。再放入袋、盒中；如水平放置，照片的堆放高度不宜超过 5cm。以竖直放置为宜。

（5）单张照片说明的填写

说明应采用横写格式，分段书写。其格式如下：

题名：时间：

照片号：摄影者：

底片号：文字说明：

参见号：

题名应简明概括、准确反映照片的基本内容、人物、时间、地点、事由等要素尽可能齐全。

参见号是指与本张照片有密切联系的其他载体档案的档号。其格式如下。（相关档案种类）档号：其中，括号内为选择著录内容。示例 1，文书档案 0113-2-18，示例 2：科技档案 G-J-21，照片档案由档案室移交至档案馆后，应对其参见号进行核对，对与实况不符的应及时调整。

照片的拍摄时会用 8 位阿拉伯数字表示，第 1~4 位表示年，第 5~6 位表示月，第 7~8 位表示日。示例：1953 年 3 月 2 日写作 19530302。

摄影者一般填写个人，必要时可加写单位。

文字说明应综合运用事由、时间、地点、人物、背景、摄影者等要素，概括提示照片影像所反映的全部信息；或仅对题名未及内容做出补充。其他需要说明的事项亦可在此栏表述。例如，照片归属权不属于本单位的，应注明照片版权、来源等。

密级应按 GB/T 7156《文献保密等级代码》所规定的字符在照片周围选一固定空白处标明，使用印章亦可。

单张照片的说明，可根据照片固定的位置，在照片的右侧、左侧或正下方书写。大幅照片的说明可另纸书写，与照片一同保存。一组联系密切的照片中的大幅照片，应随该组照片一同在册内编号，填写单张照片说明，并注明其存放地址。

（6）组合照片说明的填写

一组（若干张）联系密切的照片按顺序排列后，可拟写组合照片说明。采用组合照片说明的照片，其单张照片说明可以从简。组合照片说明应概括提示该组照片所反映的全部信息内容及其他需要说明的事项。应在组合照片说明中指出所含照片的起止张号和数量。

同组中的每张照片均应在单张照片说明的左上角或右上角标出组联符号。组联符号按组依次采用"①""②""③"……同组中的照片其组联符号相同。如册内只有一组照片和其他散片时，组联符号采用"①"。组联符号不宜越册。

整理照片时因保管期限或密级的不同，有些同组的照片可能会被分散到不同的照片册内，应在组合照片说明中指出这些密切相关照片的保管期限、册号和组号。组合照片说明可放在本组第一张照片的上方，也可放在本册所有照片之前。

（7）照片册的排列

照片册按照全宗号、保管期限、册号的顺序排列，上架保存。

3. 照片档案目录的编制

（1）著录项目

照片档案目录的著录项目包括照片号、底片号、题名、时间、摄影者、备注、参见号、册号、页号、组内张数、分类号、项目号、主题词或关键词、密级、保管期限、类型规格、档案馆代号、文字说明等。条目的著录单位以照片的自然张或若干张（一组）为单位著录。

（2）组合照片的著录

以一组照片为单位著录时，题名应根据题名拟写要素，简明概括、准确反映一组照片的基本内容。照片号、底片号、页号均应著录起止号；时间应著录起止时间；参见号、摄影者可以著录多个。

（3）大幅照片的标注

对于大幅照片、底片，应在备注栏内注明"大幅"和存放地址。以一组照片为单位著录时，还应在备注栏内注明其中所含的大幅照片的照片号、底片号。

（4）目录的编制

照片档案目录种类包括册内目录、基本目录、分类目录、主题目录、摄影者目录等。

基本目录的必备项目是照片号、题名、时间、摄影者、底片号、备注,可根据需要增加项目。基本目录的条目应按照片号排序。

册内目录(册内照片目录)为选择性目录。其组成项目是照片号、题名、时间、页号、底片号、备注。册内目录的条目应按照片号排序。

(三)照片档案的考证与价值鉴定

1. 照片档案的考证与鉴别

照片档案,尤其是形成时间较久的照片档案,由于形成时间距现在较长,给准确判定增加了难度,为此应通过如下方法考证。

①通过文字档案与史料考证鉴别。

②通过调查询问进行考证鉴别。

③实地考察鉴别。

④对照比较考证鉴别。

2. 照片档案价值的鉴定

照片档案作为一种非定量的物体,对其进行价值判定难度较大。但有几个要素可以作为鉴定照片档案价值时的参考。

①照片形成的年代。

②照片反映的内容。

③照片的制成材料。

④照片的技术质量。

3. 照片档案的保管期限

关于照片档案的保管期限,无论纪录性照片还是艺术性照片,一般在拍摄过程中就已经经过选择,在印、放或冲洗过程中,还要进行筛选。因此,对保存下来的照片档案的保管期限,一般划为永久或长期保存比较妥当。购进的或与外单位之间互相赠送的照片,如果与本地区、本单位的工作无直接联系,只是作为互相学习、宣传交流情况之用,则应作为资料存放。

三、照片档案的提供利用

照片档案是一种具有形象真实性、审美性和易传播性的档案信息。照片档案自产生以来,始终为人们广泛地利用着。具体提供利用的方式,除了借阅、复制外,还有展览、咨询和宣传以及编辑画册出版。

（一）展览

展览是根据某种工作需要，按照一定的主题，系统地陈列照片档案，供参观和展阅的一种重要的提供利用方式。它以生动真实的宣传教育作用和丰富多彩的内容，引起人们对照片档案的注意和利用的兴趣。

照片档案展览，可以根据本单位自身条件，与其他档案一起设立长期的展览厅（室）陈列本单位保存的有关国家、民族、本地区、本专业系统、本单位历史和现实的珍贵照片，以引起社会对档案工作的重视。这种展览可以由档案部门自己举办，也可以与有关部门共同举办，可以在国内举办，也可以在国外举办。

（二）咨询与宣传

照片档案工作人员要尽量向社会各界揭示所藏照片档案的状况和内容，并做好宣传工作。

（三）编辑出版照片画册

编辑出版照片画册的原则是：服务现实，忠于原照，考虑馆藏，保证质量。

编辑照片画册的基本程序是：选题，拟制编辑画册方案，选材，加工和排列，审校和出版。

1. 选题

选题应当符合时代要求，具有正确的政治方向。具体地说：

①选题要符合现实需要，具有长远的利用价值。

②选题要限制在馆藏照片档案允许的范围内。

③选题还要考虑是否具有较强的编辑质量。

2. 拟制编辑画册方案

拟制编辑画册方案的内容包括照片画册的主题内容、编辑目的要求、选材范围、人员分工、时间安排、工作步骤、岗位责任、质量保证措施等。它是在充分征求意见的基础上集思广益而成，并须经有关领导的审核与批准。

3. 选材

在选材过程中，要求运用历史的、全面的、发展的观点去看待照片档案，并运用马克思主义阶级分析方法，把辩证唯物主义与历史唯物主义有机地结合起来，对照片档案做出准确而全面的评价，并进行合理的取舍，进而达到正确选材的目的。其基本要求是：以选材原则为指导，围绕选材大纲，按照编辑方案所确定的步骤，挑选为反映题目所需要的材料。

4. 加工和排列

加工是围绕题目对所选照片档案进行处理，使之符合画册要求的过程。加工是指在分析研究的基础上对照片的选录、校对、文字说明和标点的考订。

排列是指照片画面的排列，解决画册的编辑体例或组织形式问题。按照分类方案与排列体例，将全部选定的照片档案逐件进行排列，以固定每份照片档案在画册中的位置。

5. 审校和出版

为了保证画册的内容准确无误，应严格做好照片档案的审校工作。这项工作一般可分为初步审校、全面审校和最后审校三段进行。

照片画册的出版，是在上述工作的基础上和在馆藏照片档案范围内，经过认真选题与选材，经领导审核后方能出版。

我国照片档案管理有自己的优势，照片档案是国家所有的，由国家集中统一管理。它为促进照片档案的收藏，开发照片档案信息资源奠定了良好基础。

第二节　录音、录像档案及其管理

一、录音、录像档案的特点与作用

（一）录音、录像档案的特点

录音、录像档案具有如下特点。

1. 存储性

录音、录像档案材料能把人们的某些社会活动的原声原貌记录下来，留存后代，需要时重新播放出来，可以再现历史面貌，弥补文字记录的不足。

2. 直感性

由于录音、录像档案是人们社会活动的声音和形象记录，它可以使利用者有"身临其境"之感。它以音乐、语言、形象传播文化知识，便于人们理解和接受。它的直接感受性超过其他类型的档案。

3. 真实性

录音、录像档案是人们在履行职责活动过程中形成的原始记录，它能把当时的环境气氛如实地录制下来。录音、录像档案与文字档案和照片档案结合起来，是"文、形、声"的有机整体，彼此之间可以互相印证、互相补充，使档案馆（室）藏成分更加丰富，更加合理。

4.易复制性

声像记录容易复制，且难以区分原件与复制件。一份原始契据和原契据的复制件放在一起容易区分，草稿和誊清稿也容易分开，而要区分原版磁带和制作极好的磁带复制件就十分困难。为了保证声像档案的法律凭证作用，就要求在声像记录归档制度中做出严格的规定，以保证原始声像记录归档。

（二）录音、录像档案的作用

与文字一样，声音和图像也是一种交换信息的方式，有时比文字更直观、记载的信息更多，加上录音、录像档案的纪实性，使音像档案与文字档案具有许多共性，但又有其特殊性。共性主要表现在它们都是在实践活动中形成，并具有档案作用和历史保存价值。录音、录像档案可以在一定程度上打破由于文字和语言的不同对思想交流的限制。例如，联合国沙漠及沙漠化学术会多次在我国举行，与会者来自几十个国家，语言、文字各不相同。在学术交流中，由于采用了幻灯直观讲学、照片展览、放映电影和电视等多种录音录像形式，起到了文字和语言所没有的独特作用。其特殊性，除载体材料不同和形声化特点外，还具有宣传教育参考作用、给人以增长见识和艺术享受等作用。如将记录有改天换地活动内容、环境保护活动内容、国家法规法令内容以及政治内容的音像档案，或由其编辑而成的电影片、电视片、画册、录音带等，对人民进行宣传教育，将比文字材料更具体生动、真实、富有说服力和感染力。

目前我国已形成了大量的录音、录像档案，有照片、底片、电影胶片、录音带、录像带、缩微胶片、幻灯片、唱片等。但是，收藏在各级国家档案馆的并不多，大多数录音、录像档案保存在企事业单位档案馆（室）内。许多档案馆（室）不仅收藏有录音、录像档案，大多还建立了录音、录像室，除收集相关录音、录像资料外，还自拍自录相关问题的资料。

由上可见，录音、录像档案工作不仅是各项建设事业发展必不可少的环节，也是档案事业建设的重要任务。

二、录音、录像档案的管理

录音、录像档案有两种形式：一种是采用录音机和录像机在磁带上记录单位或个人现场工作活动情况所形成的档案，需要利用音像视听设备才能收听和观看；另一种是采用数码录音、摄像技术来拍摄单位或个人工作活动情况，成像于磁盘上的数字化信息。数码录音和录像属于电子档案，需要借助于计算机设备才能收听和阅读。

（一）录音、录像档案的收集

录音、录像档案可通过如下途径进行收集。

1. 建立健全录音、录像档案的归档制度，强化常规收集

对于录音、录像档案，应按照归档范围的要求，将反映本单位主要职能活动、具有查考利用价值的材料随时收集归档。包括如下收集的范围。

①反映本单位概貌的录音、录像材料。

②反映立档单位主要职能活动和工作成果的录音、录像材料。

③记录立档单位在国内外重大事件、重大事故及其他异常现象的声像材料。

④立档单位重要成果、发明的声像材料。

⑤其他具有保存价值的录音、录像材料。

2. 扩大收集渠道，通过各种方式多方收集录音、录像档案

①可以到图书馆、文博馆、展览馆、史志编纂部门等有关单位收集。

②向个人无偿或有偿收集。

③复制较为珍贵的录音、录像材料。

④选购有代表性的录音、录像制品。

⑤开展代存录音、录像档案的业务。

3. 通过自拍、自录，有计划、有步骤地积累录音、录像档案

这是收集录音、录像档案的特有方式，可配合某项重要活动，深入现场跟踪拍摄。对于一些自然灾害、异常现象、重大事故等，应不失时机地拍摄，否则将难以补救。

（二）录音、录像档案的分类

录音磁带和录像磁带尽管结构、原理相似，但由于记录的内容、频率范围有较大区别，所以应该分别进行归类。录音、录像档案应在"声像档案"基本大类之下再进行二级分类。首先分成录音、录像两大类进行整理，然后一般按照"载体形态—年度"或"载体形态—问题（内容）—年度"进行分类。

按照声像档案的二级分类，除照片档案外，根据档案的载体形态结合实际做法，同时设置了录音带、录像带、光盘（含录音、录像光盘）等类别。如果企业保存的录音、录像档案数量较多，则每种载体再按所涉及的内容进一步归类，设置三级类目，如会议类、业务工作类、活动类等。三级类目下，按年度进行整理排列，最后按其分类层次给定分类

号。录音、录像档案数量较少的情况下，可不设三级层次，直接在二级类目下，按形成年度进行整理排列。

（三）录音、录像档案的整理与编目

凡是归档的录音带、录像带，必须声音清楚、图像清晰，是原版、原件，并附有文字说明。

1. 录音、录像档案的整理

（1）整理方法

录音、录像档案由于其形成的特殊性，所以一律以自然盒（盘）为一卷。

每盒（盘）的外套上要贴上标签，并根据录音、录像的不同来标识不同的内容。

①录像带盒上须注明编号、档号片号、放映时间、摄制单位、摄制日期、规格、制式、语别、密级等标识。

②录音带盒上需标注编号、档号、讲话人姓名、职务、主要内容和录制日期、密级、讲话时间等。

（2）档号编制

录音、录像带一般以盒（盘）为一个保管单位编制档案号，按照归档时间的先后次序进行流水编号。

2. 录音、录像档案的编目

录音、录像档案的编目主要是针对盒（盘）内文件编制目录清单和案卷目录。

（1）填写卷内目录

卷内目录的项目主要有序号、责任者、题名、日期（录音、录像时间）、录制长度、备注等。

卷内目录的填写方法如下。

①序号：填写一盒录音带、录像带所录入内容的顺序号。

②责任者：填写形成声像档案的单位。

③题名：是对每盒录音带、录像带所录入的内容的概括。

④日期：填写现场录制的年、月、日。

⑤录制长度：填写录音、录像内容在用磁带的物理长度，按时间计算。

⑥备注：填写其他需要说明的事项。

需要注意的是，各地在编写录音、录像档案的盒（带）内文件时，采用的表格项目在设置上不尽相同，也有采用"磁性载体文件目录清单"的，在此不作统一的要求。

（2）填写案卷目录

录音、录像档案由于是特殊载体档案中的类型，因此案卷目录的格式直接使用特殊载体档案目录。填写方法如下。

①序号：填写案卷顺序号。

②载体类型：填写录音、录像档案的类别，如录像。

③归档时间：填写整理编排的日期。

④案卷题名：填写录音、录像档案的名称，如×××视察东改工程时的录像。

⑤档号：填写 F2.1—1 或 F3.1—1。

⑥编制单位：填写录制的单位或个人。

⑦编制日期：填写录制的时间。

（四）录音、录像档案的鉴定

在录音、录像档案的收集过程中，要注意加强鉴定，保证其真实可靠，具有保存利用价值。录音、录像档案的鉴定可以从以下四个方面进行。

1. 判断所收集的声像制品是否属于声像档案

声像制品目前数量繁多，内容复杂，如不加强认真鉴定，难免鱼目混珠。只有那些反映历史真实面貌，具有长久保存利用价值，能为今后工作提供参考和凭证的声像制品才能作为档案保存。而一些为商业目的出版发行的声像制品，或是单纯的艺术欣赏、宣传教育方面的声像制品，以及与本单位主要职能活动无关的录音、录像材料，则不能作为档案。

2. 是否是声像制品的母带

母带是指最初录制的录音、录像带。母带的真实性、可靠性、声像质量都要强于复制磁带，失真度也较小，所以档案部门一般应该保存母带，而在利用时则尽量使用复制带。

3. 声像载体是否符合保存要求

声像档案要想长久地保存和利用，载体质量是关键因素，所以在收集中一定要保证收到的声像档案载体符合有关的质量标准，能够达到长久保存的要求。

4. 相关的文字说明是否齐全完整

与照片档案一样，声像档案也需要一定的文字说明，否则不仅会给档案管理工作带来很多麻烦，而且会影响声像档案利用工作的开展。如在收集过程中没有相应的文字说明，则一定要请相关当事人及时撰写，以免今后无从考证。

（五）录音、录像档案的保护

录音、录像档案保存时间有限，而且受外界环境的影响较大，所以其保护应严格按有关规定的标准进行，尽可能提供一个良好的保存环境，以延长磁记录材料的寿命。

1. 严格控制温湿度

不适当的温湿度会使磁带上的磁粉变质脱落，带基老化，对磁记录材料的寿命十分不利。根据国家档案局的建议，磁记录载体周围的温度应控制在 14～24℃，温度波动不小于 ±5℃，使用磁带时周围的温度不超过 50℃；湿度最好控制在 45%～50%，波动小于 10%。

2. 保持清洁

磁记录材料要注意防止灰尘和微生物的危害，灰尘会污染磁带表面，造成重放时效果失真，甚至磨损磁头；微生物中的霉菌和真菌会破坏磁带氧化黏合剂，造成磁粉脱落。所以磁带保存时一般采用专门的装具，整理利用时不要用手接触磁带表面，库房的防尘和净化也是一个重要方面。

3. 防止外磁场的破坏

磁场是磁记录材料的天敌，外部磁场轻则会使磁带产生杂音、失真，重则会使磁带受到磁化而退磁，造成信号永久消失。所以，磁带的存放应采取以下防磁措施：磁性载体档案与磁场源（永久磁铁、马达、变压器等）之间的距离不少于 76 毫米；可使用软磁物质（软铁、铁波氧）构成容器、箱柜，对磁场进行屏蔽；磁性载体档案如装入有磁屏蔽的容器中，应距容器外壁至少 76 毫米；使用无屏蔽的容器运输时，磁性载体档案距容器外壁至少 76 毫米；不得将任何磁性材料及制品（包括磁化杯、保健磁铁、磁铁图钉等）带入库房；在存有重要档案的库区，应设置测磁设备，以查出隐蔽的磁场。

4. 定期卷绕和复制

磁带长期存放容易引起粘连，也会带来复制效应（相邻的磁带相互复制），因此一般每隔 6～12 个月要重新卷绕一遍，定期卷绕也是除尘防霉的一种好方法。磁带寿命有限，为了使其中的信息长久保存下去，定期复制十分必要。

5. 正确存放

磁带由于是卷绕在盘芯上的，所以保存时最好是竖放，使其受力均匀，以免受重力的作用使磁带卷绕松弛，同时要避免阳光直射。

6. 注意磁记录仪的保养

正确使用磁记录仪也是录音、录像档案保护中的一个重要内容。磁记录仪上的灰尘、磁场、机械故障都会导致录音、录像档案的损坏，所以在日常工作中应经常对磁记录仪进行维护。录音机、录像机要保持清洁，保证机械部分运转正常，转速均匀，磁头经常清洗。

第三节　实物档案及其管理

一、实物档案的定义

实物档案是指机关单位在工作活动中形成的，具有保存价值的荣誉证书、奖旗、奖状、奖杯、纪念品、工艺品等反映工作成绩及对国内外友好交往的特殊载体的档案。一个单位的实物会有很多，但并不都是实物档案，只有其中那些能够反映单位的重要活动，具有凭证或纪念价值，能够作为其他档案的参考与佐证的实物才能划归实物档案的范畴。

二、实物材料的特点和作用

实物材料具有真实性、凭证性、历史性、形象性的特点，能以直观具体的姿态展现在人们面前，活灵活现，感染力强，更能说明问题。它们可以用来弥补某些档案的不足。有些实物蕴含着多方面的信息，具有较高的研究和凭证价值，有时是文字材料无法替代的，需要同文字材料一起保存下来，以提供利用。在档案馆爱国主义教育基地建设中，这些实物材料有其独特的教育作用，能使档案展览和档案影视作品更加真实和生动，更能吸引人、教育人。

三、实物档案的归档

（一）实物档案的归档范围

实物档案的归档范围如下。

①本单位获得的各种奖状、奖杯、奖牌、锦旗、荣誉证书、光荣册等。

②上级领导、知名人士、有关单位赠送给本单位的题词、锦旗、牌匾、工艺品等。

③本单位对外交往中获赠的重要纪念品。

④本单位组织的各种重大活动中形成的纪念品。

⑤本单位成立以来使用过的牌、匾。

⑥本单位第一批生产的、获奖的及重要的产品样品。

⑦其他有保存价值的实物。

（二）实物档案的归档要求

①应归档的实物自形成后的次年3月底前向本单位档案管理部门移交。由于特殊原因，应归档的实物确实需要在有关部门暂时保留的，应先将归档实物移交档案管理部门拍照登记，再办理借用手续。

②归档的实物要保持整洁、无破损。任何部门和个人不得随意将实物档案损坏、私存或转送他人。

③归档的实物应当拍照归档。所拍照片纳入本单位照片档案的管理，两者之间要建立准确、可靠的关联关系。

④本单位对外交往中赠送给对方的重要实物，也应当拍照归档。

四、实物档案的整理与编目

（一）实物档案的分类

在档案常规分类大纲中，实物档案与声像档案并列为一级类目（大类），通常用"H"表示。虽然从载体上讲，实物档案属于特殊载体材料，但由于保管方式不同，故在类别设置中其与声像档案有所区别。实物档案的分类，实际进行的是二级分类，一般按照"载体形态"分类。目前，实物档案二级分类有不同的方法。

①以外在形式为依据分为奖状、奖杯、奖旗（锦旗）、奖牌以及证书证件、工艺品等。这是一种直接分类方法，适用于实物档案数量不多的企业，实际工作中经常采用。

②以内容为依据分为奖品类、纪念品类、证书类等。此法适用于实物档案量较大、内容较为复杂的企业，相当于再分一个"性质"层次。

（二）实物档案的整理

1. 整理方法

由于实物档案是已成型的物品，不需经过组卷、编目、编制卷内目录等工序，因此，实物档案的整理重点在于分类编号，以"件"为单位编制"件号"，再将相关信息摘取后，填写实物档案"标签"，将"标签"粘贴在实物档案背面的四角或底座、印把等位置上，以不影响对实物的观瞻为宜。

2. 档号编制

实物档案以件为一个保管单位编制档案号，在同一类别（属类）之下，按照归档时间的先后次序进行流水编号，每件编制一个流水号。"件号"一经确定，不要随意变动。

（三）实物档案的编目

实物档案的编目主要编制"案卷目录"。由于实物档案也是特殊载体档案中的类型，因此案卷目录的格式直接使用特殊载体档案目录，其填写方法如下。

①序号：填写同一类别内实物档案的顺序号。

②载体类型：填写实物档案的类别，如奖杯。

③归档时间：填写整理编排的日期。

④案卷题名：填写实物档案的名称，如全国优秀旅游城市（奖杯）。

⑤档号：填写 F2.1—1 或 F1.2.1—1。

⑥编制单位：填写颁发实物的单位或捐赠者个人，如国家旅游局。

⑦编制日期：填写获得实物的时间。

五、实物档案的排列与存放

实物档案作为特殊的载体，应有专门的装具和陈列柜，不同的实物可采用不同的排列与存放方法。

（一）印章

除印模应存放在档案全宗内，其印章全部集中，按系统、机构排列、编号，以盒为单位保管，盒内用泡沫塑料按照印章大小挖孔进行固定性存放。同一机构不同时期的印章可存放在一个盒内。

（二）像章和证章

像章、证章可按制成材料结合不同时期进行排列，也可按内容进行排列，采用盒式保管和存放。同一内容的像章或证章集中放在两个或几个盒内，如军人像章、军功章和五一劳动奖章等。

（三）锦旗

锦旗可按不同时期进行排列，采取叠挂的方式，罩上塑料薄膜以防尘。

（四）其他

如奖杯、牌匾、标本、样品等实物材料，应该分别单独保管和存放。

总之，实物材料的排列与存放的方式，可以采用灵活多样的方法，不必强求一致。但实物材料与档案有联系的，可采用互见的办法，在实物登记簿上有关条目的备注项内注明有关档案材料的档号,在档案材料的案卷目录簿内有关条目的备注项应注明参见实物的编号。

> 思考题
> 1. 照片档案的构成与种类是什么?
> 2. 录音、录像档案的特点与作用是什么?
> 3. 说说实物档案的定义。
> 4. 实物材料的特点和作用是什么?

第五章 档案信息资源管理

> ★导读：
> 随着移动互联网的快速发展，微博、微信以及各种音频、视频等信息发布的方式也越来越多样化，信息发布速度更快、更方便，使信息的增长速度飞快，把全球的数据加起来就形成了一个数量级非常的数据集，这标志着人类进入大数据时代。在海量数据的包围下，人们获取信息很便捷，然而想要获取有用的信息还是需要一定的时间和精力，档案行业也同样如此。
>
> ★学习目标：
> 1. 理解档案信息资源的整合。
> 2. 学习档案信息资源的挖掘方面的内容。
> 3. 掌握档案信息资源的开发与利用方面的知识。

第一节 档案信息资源的整合

一、档案信息资源及其整合的概念

档案信息资源的概念有狭义和广义之分。狭义的档案信息资源是指来源于档案的，反映事物特征、运动状态、方式及规律的，已经加工处理有序化并大量积累起来的有用的集合。狭义档案信息资源实际上从属于广义的档案信息，包含了档案信息的三个层次。但是狭义档案信息资源并不等同于档案信息，而是具备了创造性、规模性以及开发性三大条件的档案信息。

档案信息资源整合是对各个相对独立的信息系统中的档案信息资源、功能结构及其互动关系进行融合、类聚和重组，使其形成一个新的有机整体，从而提供一个效能更好、效率更高的新的资源系统。

档案信息资源整合，就是在我国档案工作"统一领导、分级管理"体制下，围绕特定的主题，对分散形成的档案进行信息资源集中，以集中反映某一实践领域或对象的基本情况，最终达到档案资源结构合理、配置优化，可以有效地实现信息资源的增值效益工作，能够适应信息全球化，增强区域综合竞争力的社会系统工程。

二、大数据环境下档案信息资源整合的必要性

大数据时代，庞大的纸质档案信息资源和海量的数字档案资源的不断增长，给档案管理部门带来了巨大挑战。但是，档案馆运用大数据挖掘技术和分析方法，开展档案信息资源整合，挖掘潜藏在档案信息资源中的深层价值，恰好可以解决这一难题。因此，实现大数据时代背景下海量信息的整合，是档案部门迎接挑战的有效方法。我们将从新时代的发展趋势、提高档案信息资源服务质量的需要和实现档案信息资源数字化这三方面来进行必要性分析。

（一）新时代的发展趋势

随着社会信息化的发展，数字化与网络化建设的不断完善，档案信息资源的记录载体、记录方式、管理方式也随着时代的进步而发生着变化，档案信息资源的管理也应朝着网络化、数字化的方向发展。

随着人类的进步和发展，大数据时代的来临，人们在计算机系统存储的数据信息也越来越多，这些数据是人们工作、生活和生产活动等的原始记录，能够为人们提供重要的利用价值。档案信息资源整合将是挖掘档案信息资源潜在信息价值的有效措施，是实现档案信息资源、共享化的必然选择，也是适应社会信息化进程的需要，更是档案事业发展的必然趋势。

除此以外，实现档案信息资源的整合还是解决传统档案资源管理模式带来的弊端的需要。长期以来，档案保管机构各自为政，造成档案资源长期分散，而这种分散性已然不适应大数据时代集中性的需求，于是便产生了对档案信息资源进行整合的诉求。档案信息资源数字化、信息化后，体现的明显特征是相对完整性、集中性，这就出现新的诉求——档案信息资源整合。尤其是现代电子计算机普遍应用，所生成的文件档案信息越来越具有电子特征后，我们进行整合时不得不考虑到未来发展趋势问题。例如，科技部、财政部、农业农村部等有关部门协调成立的国家科技文献资源网络服务系统，教育部主持推进的全国高校信息保障系统，由文化和旅游部、国家图书馆牵头的中国数字图书馆工程以及各地数字档案馆的建设等，这些工程建设是对信息完整性、集中性需求的体现。

（二）提高档案信息资源服务质量的需要

在现代政府以公民需求为导向信息管理的核心下，充分利用信息技术提供高效、高质的档案信息服务，是未来服务发展的方向。在这种背景下，档案馆被推向了信息公开的前台，意味着档案信息资源开发具有了政治合法性和迫切性。社会信息资源整合程度的提高与公众信息意识的觉醒为档案信息资源的整合创造了良好的社会环境与氛围，同时使档案资源的整合成为一种必然趋势。

近年涉及老百姓切身利益的民生档案数量与日俱增，与之相对应的是人民群众利用

档案的需求也不断增加，因而迫切需要一种能够集中保管和统一利用的档案管理机制的出现与创新。整合档案信息资源为公众提供了一个双向主动式档案信息服务手段。除此之外，一方面是档案信息资源提供服务的频次、速度、要求越来越高；另一方面是档案信息资源服务的范围、空间、形式越来越广，社会的需求永远是激活档案信息资源整合和开发的力量源泉，推动档案信息资源整合的动力是适应时代发展和档案信息资源服务对象多元化的需要，档案信息资源整合的建设会使档案服务社会的力度、方式、手段实现新跨越。

总之，实现档案信息资源的整合，可以提高人们利用档案信息资源的检索效率，可以改善档案网站、档案馆以及档案室的服务质量。

（三）实现档案信息资源数字化

大数据环境与过往的信息环境最大的区别，不仅是巨量的数据资源的诞生，而且是大数据能够对信息、数据等进行筛查、分析和处理。大数据的处理包括了大数据采集、大数据处理、大数据统计分析与大数据挖掘等方面。大数据具有数据挖掘和分析、内存计算和流处理技术等处理技术。大数据的存储包括分布式文件系统、非关系型数据库（NOSQL）、数据仓库等存储技术。大数据的应用技术包括云计算及其编程模型 Map Reduce、大数据获取技术、大数据存储技术、大数据分析技术、大数据可视化技术等。

在大数据时代，档案馆既要开展纵向层次的整合，又要开展横向功能的整合。档案馆可以通过综合利用大数据的存储技术、处理技术以及应用技术实现数字化档案信息资源的功能，如实现数字化档案信息资源的交换与共享功能、安全存储功能等。

一方面，云计算技术的具体应用说明大数据技术能够实现档案信息资源的交换功能。例如，档案"云平台"的构建。支撑云、公共云、业务云三个平台共同组成了档案信息资源整合的"云平台"。其中在业务应用层，可以通过大数据的存储处理技术完成档案信息资源的采集、编目、存储等工作。数据整合处理层通过对档案信息资源的分类等工作加工，编研不同的档案成果，形成不同的数据库，如特色档案、现行文件等。

另一方面，大数据技术在档案信息资源共享平台充当着非常重要的角色。通常来说，档案信息资源整合共享平台具有采集功能、审核功能、信息管理功能、信息共享功能、安全保障功能。其中，采集功能主要是负责收集档案信息，既可自动采集，又可人工采集。大数据的获取技术可以通过档案信息资源的数据分析，从而更好地获取可以用的档案信息资源。审核功能主要负责对其质量的监控，通过层层严格的筛选和鉴定，删除不合格的档案信息，动态存储可利用的资源。此外，还可以通过大数据的智能过滤技术提前对档案信息资源进行筛选和加工。

大数据技术可以促进档案信息资源共享功能的实现。公众可以通过档案信息资源整合共享平台，在线访问和查询档案馆藏信息资源，使档案信息资源充分地发挥自身的价值，服务大众。另外，档案信息资源整合共享平台可以打破地域限制以及"信息孤岛化"的状态，促进各大档案馆之间的联系，实现更大范围内的资源共享。

三、大数据环境下档案信息资源整合的 SWOT 分析

大数据是以容量大、类型多、存取速度快、应用价值高为主要特征的数据集合，正快速发展为对数量巨大、来源分散、格式多样的数据进行采集、存储和关联分析，从中发现新知识、创造新价值、提升新能力的新一代信息技术和服务业态。

随着互联网的普及，计算机信息技术和网络通信技术的飞跃式发展，各种数据和信息呈现出爆发式的增长。事物都有两面性，互联网在给人们带来获取大量文本信息资源快捷方便的同时，也带来了一些难题，如何快速有效地在海量的信息资源中挖掘出自己所需要的信息资源。总之，大数据时代已经悄然降临，海量信息也给档案部门的档案信息资源整合带来了挑战。因此，档案部门应该实事求是地立足于档案信息资源整合的现状，结合大数据的时代背景，充分应用大数据时代的信息挖掘技术，采取有效措施实现档案信息资源的整合。

接下来，我们将采用 SWOT 分析法：S（strengths）是优势；W（weaknesses）是劣势；O（opportunities）是机会；T（threats）是威胁或挑战，对大数据环境下档案信息资源整合的优势、劣势、面临的机遇和挑战进行分析，有利于档案部门在进行信息资源整合时认清形势，扬长避短，抓住机遇，寻找良好的契机，制定符合大数据时代背景的档案信息资源整合措施。

（一）优势分析

1. 大数据环境下信息挖掘技术的进步

互联网的发展与普及，各种数据以及信息呈现出爆发式的增长。互联网在给人们获取大量文本信息资源快捷方便的同时，也带来了诸如如何挖掘、筛选自己所需信息的难题，但是大数据时代的信息挖掘技术则刚好可以帮助人们解决这一难题。以"Web"数据挖掘技术为例。

首先，谈一下"Web 文本挖掘技术"在档案信息资源整合中的应用。Web 是当今互联网上最受欢迎、最为流行的超文本信息系统，不仅能实现各种类型数据的无缝集成，还具有提供图形界面快速检索等功能。因此，我们可以利用 Web 文本挖掘技术的高效率、智能化等优势，结合档案信息资源整合中所面临的多种多样的问题，帮助人们改善检索效果以及服务。

其次，介绍一下文本挖掘的基本思想。

一方面，Web 文本挖掘技术可以有效地改善档案信息资源的效果。通过对信息的聚

类处理，对使用者的检索历史信息进行分析，对分析结果进行分组，并分别进行标注，可以使提供的检索内容更加精确，在一定程度上优化使用者的检索效果。这样可以提高检索信息的准确度，提升搜索效率，节约检索时间等。另一方面，可以改善服务。比如，档案馆、档案网站等可以通过掌握、分析使用者浏览各类信息资源的频率以及所花费的时间，分析判断出使用者对不同类型信息资源的兴趣度，这有利于升级、完善更加人性化的推荐，定制多样性的服务。

2. 数字化的现代档案管理系统的产生

随着计算机技术、通信技术以及互联网技术的飞速发展，传统的档案管理模式遇到了严峻的挑战。与发达国家相比，我国档案管理现代化建设有一定的滞后性。21世纪，有关组织部门明确指出要充分利用现代技术改造传统的档案管理方式，加快电子档案建设，完善干部档案管理系统和干部信息管理系统，逐步实现档案管理的数字化。档案数字化必将成为今后档案的主要存在形式。

数字化档案管理是对传统干部人事档案管理工作的一次创新，能够实现对档案和档案材料收集、鉴别、整理、保管、传递、统计、查阅等日常工作的数字化管理，并可通过组织系统专网实现干部档案的网上浏览和远程查询。这为今后干部任用、干部提拔等工作带来了极大的方便。系统分为日常业务管理、档案数字化采集系统和数字化档案查阅系统三大部分。

（二）劣势分析

凡事都有两面性，有利就有弊。接下来，我们将从三个方面集中分析大数据环境下档案信息资源整合的劣势。

1. 缺乏统一的技术整合规范标准

技术与标准是档案信息资源整合的重要"瓶颈"。尽管我国档案信息化建设起步较晚，但对档案信息的标准化工作一开始就比较重视。迄今为止，标准问题仍未受到足够重视，缺乏制定标准的统一机构，国家尚未出台档案数据库结构、信息存储和著录格式、软硬件配置、网络体系结构、信息处理界面等方面标准，要建立一个比较完整的档案信息资源整合的标准体系，还需一个长期的探索和实践过程。在档案信息化建设中，标准问题仍然没有受到足够的重视，缺乏一个统一的机构对此进行统一的研究与组织，也就谈不上建立跨系统、跨领域的标准制定机构了。因此，建立专门的机构，在全国范围内逐步推出和建立比较完善的信息资源管理标准体系，已成为档案信息资源以及其他信息资源整合工作的当务之急。

2. 理念与实践进度不匹配

"大档案"理念由来已久，但是在实践进程上并未得到良好的落实。长期以来，许多档案工作人员和专家学者都提到整合档案信息资源以及转变档案管理观念，但是如何转变并没有一套详细具体的对策。因此,我们不仅要提出与时代发展相匹配的管理理念,还要将理念贯彻到档案信息资源整合的实践中。

在大数据时代,档案信息资源整合需要各个环节的配合和各个部门协调一致的工作才能完成,而各部门、各环节的协调需要一个强大的信息系统来组织和实现,从而使档案信息资源得到最优化的利用,使良好的档案信息资源整合观念发挥意识能动作用,更好地指导档案信息资源整合的实践工作。

3. 档案部门各自为政,缺乏有效沟通联系

目前,中国实行的档案管理体制是条块相结合的,即综合档案馆主要负责党和政府机构形成的档案,而专业档案则由专业档案机构负责保管,档案部门由同级档案行政管理部门进行指导、检查和监督。无论是在实践层面还是在法规层面,条块分割已经成为档案管理的基本形态,并且已经持续多年。但是,随着档案信息资源整合工作的开展,许多学者指出这一制度阻碍了档案信息的共享。它虽然有其合理性,但也造成了地方各级国家综合档案馆在档案资源整合上难以有所作为。由于档案资源的分散、馆藏档案信息的含金量不高,很难满足日益增长的为领导决策资政服务、为群众维权服务的需求。

(三)机遇分析

只有抓住机遇,才能更好地发展自己。大数据技术的发展为档案信息资源整合提供了一些机遇,抓住这些机遇,有利于档案事业更好地发展。接下来,将从三方面进行机遇分析。

1. 我国的信息化建设为档案信息资源整合提供了环境支撑

我国在进行信息化建设中不断完善通信网络与计算机系统,这为档案信息资源的整合提供了良好的基础设施条件。首先,我国已经基本形成了一个覆盖全国、通达世界、技术先进、业务多样的国家公用通信网络框架。目前,全国几乎所有的学校、科研部门、政府、企业和家庭都使用上了计算机网络。其次,网络的联通是档案信息资源整合的基本手段和有效途径,网络使数字化档案资源互相联结,社会公众能不受时空条件的约束获取自己所需的档案信息。先进、专业的通信网络的建成为档案信息资源整合提供了许多实践的机会,日渐成熟的因特网技术为实现档案信息资源整合提供了良好的基础设施条件。

2. 电子政务建设为档案信息资源整合提供了技术支撑

在我国,档案有着为政治提供服务的职能,因而档案馆、档案室等档案管理部门必须结合国家电子政务建设的大背景开展档案管理工作。因为电子政务建设能够促使政府更加重视档案室、档案馆、档案网站、档案公共服务平台等的建设,给予相应的资金以及技术支持。有了政府资金、技术支持作为后盾,档案信息资源整合工作可以更加顺利开展。

3. 档案部门的数字化建设为档案信息资源整合提供了基础

近年来，社会环境的变革使档案界不得不改善档案信息工作，各地档案部门不同程度地进行了数字化、信息化管理建设，为档案信息资源整合提供了好的开端。档案部门要努力建设并投入使用一批内部局域网，基本实现档案管理现代化和办公自动化，部门、地方自行建立为本部门机关服务的档案目录信息中心，为逐步构建中国档案文献数据库创造条件。档案部门根据电子档案管理的要求，加强对本单位电子文件的管理，保证电子文件真实、完整、有效。此外，北京、上海、江苏、浙江、广东等地选择在国家档案馆开展网络环境下接收电子档案试点工作。北京市近年来制定档案信息资源整合发展规划，实现市区县档案馆之间的联网与开放档案目录；深圳市建立数字档案馆系统，将原有各种载体的档案数字化，对档案文件实施数字化管理。

（四）挑战分析

知己知彼，方能百战不殆。一方面，我们要抓住机遇，促进档案信息资源整合发展；另一方面，要了解其面临的挑战和威胁，以制定好相应的解决对策。接下来，我们将从以下几方面进行分析。

1. 需要庞大的资金支持

虽然档案管理部门在开展档案信息资源整合工作的时候，得到了政府的财政资金支持，但是这些资金远远不够，档案信息资源整合的后续工作需要更多的资金做支撑。然而，档案部门缺乏其他筹款渠道，因而资金将是大数据环境下档案信息资源整合面临的一大困境。此外，受我国各地区经济发展水平的制约，各区域档案信息资源整合建设的投入、档案数字化、信息化建设等方面都存在着严重的不平衡以及信息不对称等问题。

档案信息资源整合还存在论证不足的问题，在系统设计档案信息资源整合规划时没有一个相对完整的构想，对整个过程中容易出现的问题或解决对策准备不充分，论证存在缺陷，所以其结果既达不到整合的要求又造成了不必要的浪费。

2. 档案信息资源质量的把关

档案信息资源的质量难以控制。就目前的情况来看，我国大部分公共档案馆的馆藏结构单一，政府部门的文书档案占了很大的比例，而其他类型的档案少之又少，特别是某些特色档案更是缺乏，档案信息库的建设要有坚实的资源基础，单调无用的信息根本无法吸引用户的目光，大量的投入只能是一种浪费。因此，要采取多种措施，大力加强档案馆的馆藏建设，丰富自身资源，建设特色档案库已成为当前工作中的重中之重。另外，档案信息资源与其他社会信息资源相比，有着机密性的特点，有一大部分档案因为涉及国家集体的秘密而不能轻易地在网上公布，而必须履行一定的手续，超过一定的时限才可以公之于众，而事实上，等到这些档案过了保密期之后，其所载信息则往往已经过时滞后，无法满足公众的现实需要。除此之外，档案信息资源的质量没有统一而具体的标准。所以，在进行档案信息资源整合的时候，如何收集质量优、价值高的档案资源也将是面临的一大挑战。

3. 档案信息资源整合管理体制的建立存在困难

我国现存档案工作实行的分级、分专业管理体制暴露了许多弊端，已经不适应档案信息资源整合工作的开展，大量档案资源长期散存在各单位，处于非专业管理状况，管理混乱，损失难以想象。有的单位把档案长期堆放在楼层间，虫蛀鼠咬，温湿无常；有的单位将档案堆放在各个办公室，基本无人过问，损毁现象严重。档案管理无序，查找利用困难，更难以服务社会，并存在重复建设的问题，财力、物力浪费严重，同时综合档案馆馆藏结构单一，服务功能弱化，均为档案信息资源整合管理体制建立所面临的困难。

实施档案信息资源整合管理体制不仅是对已有的档案信息资源进行整合，重要的是通过资源整合理顺管理体制和建立新的规范化运行机制，以确保今后不再产生新的档案资源分散问题。建议实行大档案管理体制，确定省、市级综合档案馆的中心地位，并赋予其整合的权利。把现有市县级综合档案馆作为中心基点，才能有效地克服资源分散的问题，打破各自为政的管理模式，提高档案馆的辐射力、影响力、凝聚力。

四、大数据环境下档案信息资源整合的策略

（一）从内容层次开展档案实体整合

档案实体整合是一个个体层次的整合过程，丰富的馆藏是档案信息资源整合的基础。档案实体整合包括综合档案馆自身管理制度、管理程序、馆藏系统信息的整合，还包括县级区域内各种实体信息部门的整合，将区域内各个独立、分散的部门档案资源进行综合整合。

1. 现有馆藏整合

档案馆不再仅仅是一个实体保管机构，还是今后实现档案资源共享的主要源头和基地。传统的档案实体一般以案卷形式保管在库房，档案馆应对其馆藏数据清楚掌握，做好基础的编目工作。目前，档案馆的实体整理工作一直在做，但是结果不尽如人意。档案馆应根据档案整合功能特征从档案馆管理制度化、归档程序化、馆藏数字化、信息网络化、控制智能化方面进行管理。还应做好现有馆藏各种载体标准、海量存储整合工作，有选择地将原始馆藏中有特色、有较高利用价值的档案数字化，积极地将已接收进馆的文件建成编研成果数据库，使传统档案信息与现有档案信息共同发挥作用，如建立电子政务档案、城建档案、指纹档案、民生档案等特色数据库。

2. 开展区域档案信息资源整合

以往，单个部门多自己保存自己形成的档案，然而单个部门的条件往往有限。如果

把一个区域县级的部门档案整合在一起会节约很多人力、物力。在区域整体规划中设立县级单位为档案管理中心，各级档案信息形成部门向县档案馆移交，建立一种以档案部门为主体、各专业主管部门配合的区域管理模式，实现档案资源集约化、人员素质现代化、业务建设标准化、管理工作规范化、利用服务优质化。

（二）从技术层次开展数字档案信息资源整合

在大数据的时代背景下，档案数字资源具有数量庞大、增长迅速、多源异构等新特点，在给人们带来丰富信息的同时，也给数字档案信息资源的整合带来了一定的困难，如数据存储问题、安全保障体系的建设等问题。接下来，我们将从以下几方面对大数据时代下数字档案信息资源的整合策略进行探讨。

1. 建立统一的档案数字信息资源整合标准体系

在大数据时代，档案数据的多样性已成为常态，要实现档案数字资源的整合就需要协调相关利益方建立兼顾适用性、稳定性和国际性的档案数字资源整合的标准体系，完成对不同协议、标准、规范的整合。这包括档案信息化过程中涉及的各类数据组织方式和网络通信协议的整合，各相关业务系统中使用的数据标准和协议规范的整合以及采用的各类存储、应用标准的整合等。唯有如此，才能确保整合工作遵循相同的标准，方便档案数字资源的存储和迁移，实现档案数字资源的交流与共享。

2. 实现由馆藏中心模式向服务中心模式的转变

大数据时代的信息挖掘技术，如云计算、Web 2.0 文本挖掘技术等，可以通过对复杂关联的数据网络中出现的趋势进行预测，为人们的行为决策提供有益指导。这就要求档案部门改变过去单一的"供给式"思维模式，关注大众的利用需求，构建起以社会利用需求为导向的档案数字资源体系。比如，档案网站导航、索引等人性化服务的提升都可以更加方便用户。时刻关注用户需求的变化，进而实现由馆藏中心模式向服务中心模式转变，不断提高档案服务与用户之间的匹配度。

3. 构建适应大数据要求的档案数字资源分析系统

毫无疑问，构建适应大数据要求的档案数字资源分析系统依然要用到大数据信息挖掘技术。接下来以"云计算"技术为例加以说明。

云计算技术具有资源虚拟化、高可扩展性、高可靠性、按需付费等显著的特征。它适应了大数据时代分布式存储与海量数据并行处理的需求，实现了计算机资源的服务化，是大数据时代档案数字资源整合的基础平台和支撑技术。

首先，各档案部门应根据国家统一规划以及自身基础设施建设与档案数据库资源的匹配程度，灵活选择适合的云部署方案。处在档案数字资源整合关键节点的部门应架设私有云，其他部门可根据自身情况将关键数据存放在私有云上，同时以动态申请公有云的方式弥补自身计算能力、存储空间等的不足。其次，云计算能统一各应用环境之间的业务逻辑、组织结构和表达方式等，消除"信息孤岛"，从而建立集成的档案数字资源管理平台，促成档案数字资源深层次整合与知识开发的实现。最后，云计算能实现对档案应用的整合，并以服务的形式向用户发布，同时支持用户利用各种终端设备随时随地访问所需的云服务。这些都将最大限度地发挥档案数字资源整合的优势，提高档案服务的效率和便捷程度。

（三）从服务层次开展档案信息资源整合

众所周知，档案馆开展档案信息资源整合一方面是为了加强对档案信息资源的管理；另一方面更为了提升档案馆的服务效能，方便公众查找和利用。笔者将从构建档案信息资源整合共享平台和主题档案数据库两种途径进行说明。

1. 构建主题档案数据库

在大数据时代，基于公共服务的视角下，档案馆既要做好档案的征集、保存、管理等基础性工作，又要积极实现档案信息资源的共享，满足公众多样化的需求和高标准的期望。

首先，档案馆可以打破"条块"机制的束缚，和各级档案馆分工合作，形成资源互补，最大限度地发挥资源优势。同时，依托档案馆形式各异的馆藏资源，根据一定的标准进行资源挖掘与整合，推进档案的数字化工作，建立编研成果数据库，做好检索与服务工作，从而提升检索效率，完善服务质量。

其次，广大公众既可以是档案的利用者，也可以是档案信息资源收集者。档案馆可以通过广泛的宣传，如通过网络宣传、发放宣传手册等方式调动大众贡献档案信息资源的积极性。此外，档案馆还可以以"公开征集"的形式征集档案。例如，沈阳档案馆征集了展示九一八事变"真相"的珍贵档案资料入馆，这些珍贵的档案资料能强有力地证明日本侵华的罪行。档案馆还可以开展形式多样的主题展览展示，展览从公众手中征集的档案信息资源，增强公众的自豪感和使命感，使公众更加积极地贡献自己珍藏的档案信息资源。

除此之外，档案馆还可以构建联机检索数据库，将档案馆的数字化档案信息资源分门别类，然后实施联机检索，方便公众打破地域限制，检索其他档案馆的馆藏档案信息资源。

2. 构建档案信息资源整合共享平台

在大数据时代背景下，档案馆数字化档案工作的开展，催生了海量的数字化档案信息资源，且公众对档案信息资源的需求也日益增多，实现档案信息资源的整合与共享是时代的必然趋势。

档案信息资源共享平台是一种基于互联网技术，整合了采集、审核、存储、发布、共享利用功能的软硬件集合。通常来说，档案信息资源整合共享平台有采集功能、审核功能、信息管理功能、信息共享功能、安全保障功能。

首先，公众可以通过档案信息资源整合共享平台，在线访问和查询档案馆的馆藏信息资源，使档案信息资源充分发挥自身价值，服务大众。其次，档案信息资源整合共享平台可以打破地域限制以及"信息孤岛"，促进各大档案馆之间的联系，实现更大范围内的资源共享。浙江省在构建整合共享平台方面有诸多成就和可供借鉴参考的经验。

（四）从安全层次开展档案信息资源整合

在大数据时代，个人电脑、手机等移动设备，微博、微信等社交App产生的多种类型的信息构成了海量的大数据资源。这些数据涉及个人、企业、国家等人类生产生活的方方面面。然而，这些海量的数据资源面临着黑客攻击、恶意泄密等安全威胁，尤其是档案馆存储的档案信息资源有的涉及国家或者企业的机密。因此，在大数据时代，档案馆加强数字化档案信息资源的安全保障体系的建设就显得极其重要。

1. 加强访问安全的建设

首先，加强访问安全的建设。访问控制是实现档案信息资源受控共享、保障档案信息资源被合规访问的有效措施。访问控制是档案馆网络安全防护的重要渠道，起着关键性的作用。通过访问控制技术能够合理地控制和认证用户访问权限，保证非法用户无法窃取资源。常用的访问控制措施有身份认证、口令加密、设置文件权限、控制网络设备权限等。档案馆应建立IAM（身份识别和访问管理）和隐私保护系统，实现统一身份认证与访问权限控制，达到用户安全集成管理的目标，有效应对档案数字资源整合与大数据应用过程中的安全风险。其次，通过数据加密技术保护档案信息安全。通过SSL（secure sockets layer，安全套接层协议层）加密，实现在数据集的节点和应用程序之间移动保护大数据。

总之，档案馆可以综合运用大数据集成、存储、处理、访问相关技术以及云平台保障技术加强数字化档案信息资源安全保障体系的建设，保障档案信息资源不受非法侵害和恶意泄密。

2. 加强存储安全的建设

为了实现档案信息资源的整合，档案馆开始尝试构建档案信息资源整合共享平台，档案信息资源整合共享平台通常包括用户端、各级档案部门、档案控制中心和云端模块。在实施档案信息资源整合与共享的过程中，其存储安全十分重要。一方面，为了保护档案信息资源的存储安全，档案馆在上传数字化档案信息资源到整合共享平台的时候需要进行扫描，防止恶意数据的侵袭。另一方面，档案馆要开展数据加密存储，寻求适用于档案馆存储系统的加密存储技术、密钥长期存储和共享机制。这样既能保护档案馆用户的隐私性，又能保障档案云平台和档案信息资源整合共享平台的信息存储安全。

总之，档案馆在开展档案信息资源整合工作的过程中，一定要格外重视安全保障体系的建设。一方面，档案馆要提升安全防范意识，从档案存储物理系统到档案信息资源本身，多方位实施安全防范与控制。另一方面，档案馆要构建风险预警与防控机制。例如，在档案"云平台"的构建过程中，开展风险识别、风险控制等工作，监测与维护存储资源的安全。

第二节　档案信息资源的挖掘

一、大数据技术在档案信息资源挖掘工作中体现的优势

大数据是指无法在一定时间内用传统数据库软件工具对其内容进行采集、存储、管理和分析的数据集合。因此，在大数据时代必须使用新的数据处理技术才能更好地开发和利用数据资源。大数据背景下档案信息资源已具备大数据特征，主要体现在以下三点：一是各级档案机构所产生的档案信息资源总量日渐庞大且增长迅速；二是档案信息资源种类日趋繁杂，而且结构日渐复杂；三是档案信息资源的价值丰裕度、凝聚度很高。对具备大数据特征的档案信息资源进行广泛采集，深入挖掘，对档案信息资源发挥最大化效用具有不可估量的意义。

档案信息资源的挖掘工作是指对海量的档案信息资源进行采集，并对采集到的数据进行清洗、集成、变换等处理，最后选择相应的挖掘模型，实现对档案信息资源价值的开发和提取，从大量的档案信息资源中挖掘价值、提取知识，从而对其进行更为广泛和高效利用的过程。

档案信息资源的大数据化给其挖掘工作带来了很多困难，如档案信息资源的采集问题、清洗问题、价值分析问题和结果提取问题等，但是大数据技术运用于档案信息资源的挖掘工作有以下三点优势。

（一）可以实现档案信息资源更系统、更全面地采集

大数据处理技术强调对整体数据进行分析和挖掘，取代了传统档案信息挖掘中以抽样代替整体的方法，可以改变因为遵循传统经验思维搜集局部档案信息进行分析而造成的挖掘成果的片面性和不完整性。云存储技术手段为信息采集提供了足量的空间，为系统、全面采集档案信息资源提供了技术支持。

（二）可以实现档案信息资源的智能化提取，并提高挖掘的精确度和效率

基于云计算的大数据价值分析技术可以在挖掘过程中提高精确度，可视化技术可对档案信息资源进行全面直观的呈现，语义处理技术为档案信息资源的智能检索创造了条

件，有利于挖掘效率的提升。

（三）可以弥补由于档案缺失而造成挖掘结果价值低的问题

大数据技术通过对海量档案信息资源进行处理分析，创建数据资源库，当某一部分档案信息资源存在缺失时，可以根据档案信息资源间的关联性原则对相关资源进行追踪，以补充缺失的档案信息，从而保证档案信息资源挖掘结果的完整性和可靠性。

二、大数据技术在档案信息资源挖掘中的具体实践

大数据技术对社会生活的各个方面造成了冲击，深刻影响着人们生产和生活的方式。在档案信息资源的具体挖掘流程中，以语义处理技术、云计算技术和可视化技术为代表的大数据技术正得到日渐广泛和深入的应用，并取得明显的效果。

（一）语义处理技术在档案信息资源挖掘中的应用

1. 应用必要性分析

在大数据背景下，档案信息资源的总量呈现急剧增长的态势，且其结构形态也表现出越发复杂的特点，多媒体类档案占据着越来越大的比重。在此背景下使用人工方法对档案信息资源进行采集、开发和利用的难度越来越大。语义处理技术在大数据挖掘的过程中为机器提供了可以理解数据的能力，使用自然语言处理技术对原始档案信息资源进行处理，构建数字化档案信息资源跨媒体语义检索框架，为深入挖掘档案信息资源提供技术支持，可以在语义理解的基础上提高档案信息资源挖掘算法的语义化程度和性能，最终实现对海量、繁杂档案信息资源的快速挖掘、智能提取，提升挖掘质量和挖掘效率。

2. 语义处理技术在档案信息资源挖掘中的具体应用过程

语义处理技术的主要作用是对原始的档案信息资源进行自然语言处理，以便机器更好地"理解"使用者的目的和需求，从而实现对档案信息资源更为精确的提取。自然语言处理是基于计算机科学和语言学，利用计算机算法对人类自然语言进行分析的技术，属于人工智能领域的一个重要方法。自然语言处理的关键技术包括对自然语言的词法分析、语义分析、句法分析、内容分析以及语音识别技术和文本生成技术等。在档案信息资源挖掘过程中，这些技术可以使计算机对原始档案信息资源有深入的理解和认识。这些技术有利于档案信息资源挖掘者系统地掌握档案信息资源的内容概要，对档案信息资源进行内容检测，依照关键词义、语义对档案信息资源进行系统分类整理，对原始信息进行深入挖掘检索、质量检测。利用这些技术还可以实现自然语言所表达的内容信息不同形态之间的转换，有利于档案信息资源的丰富拓展以及清晰表述，对档案信息资源挖掘效率的提升意义重大，同时为智能检索技术的应用奠定基础。

自然语言处理技术主要包括两大类，即机器翻译技术和语义理解技术。机器翻译技

术，即使用计算机实现对自然语言内容的认识和提取，并以文本或其他形式输出，可把一种类型的自然语言翻译成另一种类型的自然语言。语义理解技术则强调把检索工具和语言学有机结合起来，通过对关键词专用检索工具的开发以及对原始信息的前文扫描，弄清其词义、句意之间的相互关联，从而在语义层次上实现检索工具对检索目标词汇的理解。在自然语言处理技术中会用到汉语分词技术、短语识别技术、同义词处理技术等，对原始语言信息进行系统区分、鉴定和提取。

总的来说，在档案信息资源挖掘过程中，语义检索技术方法主要有两种：语义分析法和分词技术。语义分析法目的在于在资源挖掘中对检索关键词进行语义分析，对关键词进行拆分，并查找拆分后关键词之间的关联以及搜索与关键词含义存在关联的其他关键词，最终实现对查询者目的的解读，搜索出最符合使用者要求的结果；而分词技术则是当档案使用者对档案信息资源进行查询时，将其查询词条按照相应标准进行划分，然后按照对应匹配方法把划分后的字串符进行处理，实现对目标资源提取的一种技术。将语义处理技术应用于档案信息资源挖掘工作中，有利于提高档案信息资源的检索质量，使检索结果更符合使用者需要，可以更确切、更高效和更准确地实施档案信息资源挖掘工作。

目前，语义处理技术已经在档案信息资源的开发利用中得到了实践。例如，维基百科、百度百科等无须付费的新型资源库本身覆盖了范围很广的信息资源，且这些资源易于获取、成本低、更新速度快，将其应用于档案管理领域，使之逐渐成为档案信息资源挖掘和自然语言处理的语义知识库和语义知识来源。从这些语义知识库中，可以对近义词、相关词、上下位词和同义词进行智能分析、自动抽取，从而大大增加了对档案信息资源进行语义分析的智能化程度，可以提高在档案信息资源挖掘工作中提取目标资源的效率和准确度。

（二）云计算在档案信息资源挖掘中的应用

云计算（cloud computing）是分布式计算的一种，指通过网络"云"将巨大的数据计算处理程序分解成无数个小程序，然后通过多个服务器组成的系统对这些小程序进行处理和分析，并把得到的结果返回给用户。在云计算发展早期，简单地说，其就是简单的分布式计算，解决任务分发，并进行计算结果的合并。因此，云计算又被称为"网格计算"。通过这项技术，可以在很短的时间内（几秒钟）完成对数以万计的数据的处理，从而拥有强大的网络服务能力。

云计算是继计算机、互联网后的又一次IT革命，云计算是信息时代的一个大飞跃，未来的时代很可能是云计算的时代。虽然目前有关云计算的定义有很多，但总体来看，云计算的基本含义是一致的，即云计算具有很强的扩展性和高可用性，可以为用户提供一种全新的体验。云计算的核心是可以将很多的计算机资源协调在一起，使用户通过网络就可以获取到无限的资源，同时获取的资源不受时间和空间的限制。

在档案信息资源的挖掘过程中，首先要完成档案信息资源的采集，然后进行档案信息资源的预处理，即对档案信息资源进行价值分析和去噪处理，以实现档案信息资源的高效挖掘、优质开发。在此过程中，云计算技术广泛应用于构建档案信息资源整合共享平台，以拓宽档案信息资源的采集渠道；提供高效且廉价的档案信息资源处理工具，以降低档案信息资源的挖掘成本，并提升档案信息资源的价值密度。构建基于"云平台"的云档案系统，从而实现对档案信息资源更全面系统的开发与利用。

1. 应用必要性分析

云计算的应用必要性体现在以下几个方面。首先，可以平衡档案信息资源挖掘基础设施建设。目前，由于地区经济发展不平衡、经费投资差别大，我国档案信息资源开发挖掘工作在基础设施建设上存在较大差别。一些发达地区在档案信息资源挖掘基础设施的建设上投入大量资金，确保了工作需求得到满足，但是有些经济欠发达地区的基础设施建设存在较大缺陷，没有足够的设施和技术对档案信息资源进行挖掘、开发。在这种情况下，通过云计算的基础设施服务来统筹规划档案机构的挖掘工具、管理服务器、存储器等基础设施，通过建设营造云计算环境，向分布的档案机构提供基础设施服务支持，这样不仅可以节省档案信息资源挖掘基础设施建设的资金，还可以平衡不同经济状况地区的档案信息资源开发状况，使挖掘技术力量较弱的档案部门同样可以开展档案信息资源开发工作。其次，可以拓宽档案信息资源采集渠道。在档案信息资源挖掘工作过程中，最基础的部分是对海量档案信息资源的采集。广域的数据采集对于档案信息资源挖掘成果的系统性、全面性至关重要。通过云计算构建"档案云"平台，实现档案信息资源共享，对各档案机构、企事业单位的档案信息资源进行统筹规划，合理存储、调动、分配档案信息资源，消除以往的档案信息资源"孤岛"，将其融合为一个档案信息资源的"海洋"。分散的档案机构在进行档案信息资源采集时，不仅可以对自身馆藏资源进行采集和处理，还可以通过档案信息资源整合共享平台，综合考虑云平台中档案信息资源的关联性，拓宽采集渠道，深入探索档案信息资源价值，实现更为高效、优质的挖掘和开发。

云计算存储空间大、计算能力强、安全性高，现在通过云计算实现数据共享的技术条件已经成熟，并在档案信息资源管理领域有所应用。随着档案信息资源的大数据特征进一步明显，云计算必将在档案信息资源的挖掘和开发领域发挥越发重要的作用。

2. 云计算在档案信息资源挖掘中的具体应用过程

云计算应用体现在三个层次，分别是基础设施服务、平台服务和软件服务。目前，云计算在档案信息资源挖掘过程中最直观的应用是构建云档案平台，完善数字化的云档案管理系统，实现档案信息资源和档案基础设施的共享，以拓宽档案信息资源的挖掘渠道，扩大档案信息资源的采集范围。此外，云计算是对海量数据进行分析和处理的关键技术，也是进行大数据分析及应用的基本平台。在档案信息资源挖掘过程中，云计算的 MapReduce 处理技术可以对海量的档案信息资源进行预处理，以关联原则和聚类分析的方法，对档案信息资源分批处理并对其进行价值分析，确保档案信息资源的优质挖掘。

（1）构建云计算平台以拓宽档案信息资源采集渠道

云档案平台的构建是档案信息资源挖掘的前提，构建云档案平台之前必须建设平台必需的资源设备体系，具体包括作为云档案平台服务器端的服务器设备、互联网设备和档案信息资源的存储设备和构建云档案平台必需的现有档案信息资源，这些由云平台的构建者统一实施建设，以完成构建平台的硬件准备。此过程就是构建一个把档案信息资源、档案处理软件资源和档案信息存储资源有机整合的资源池，把档案机构现有的大量相同类型的资源构成同构或接近同构的资源池的过程。通过上述工作将不同的档案机构间或同一档案机构中的异构档案信息资源进行处理，使之整合成同一结构类型的档案信息资源，为实现档案信息资源共享、广域信息采集奠定基础。之后所构建的云档案平台的管理系统，负责对该平台中存储的海量档案信息资源进行统筹管理，同时协调支配云平台的各类任务，使云档案平台得以正常运行、高效操作，并保证平台的安全性。在此环节中，云平台管理系统负责管理档案信息资源、各项具体应用任务、云平台的安全性监管和用户的使用情况管理等。通过构建管理系统实现档案信息资源的共享，以形成档案信息资源广域采集。基于以上操作，最后通过云档案平台的服务系统实现档案信息资源的共享，以统一标准实现档案信息资源的整合之后，构建成一个规格确定的档案云平台，在技术上能将分布在不同档案部门的数据库和一站式检索界面结合起来，最大限度地实现档案信息资源共享和业务协同。同时，建立平台的服务接口，建立查询、访问档案信息资源的服务区域，从而实现档案信息资源的共享。在此过程中，云平台还可以创建其信息数据采集接口，注重对网络档案信息资源的采集和移动互联网 App 数据的采集，利用强大的储存能力和对档案信息资源的处理能力，对档案信息资源进行收集。云档案平台的构建实现了档案信息资源的扩区域整合，把档案信息集中统一存储在后台数据库中，为海量档案信息、资源的安全存储和高效共享提供了存储空间和管理工具，为档案信息资源的大规模系统采集提供了基础，为档案信息资源的挖掘开发提供了条件。

（2）云计算可以对挖掘对象进行价值分析、资源整合，提升挖掘精确度与效率

云计算的 MapReduce 处理技术在档案信息资源挖掘的数据预处理阶段可发挥重要作用，主要应用于对海量档案信息资源进行价值分析以及对原始档案信息资源进行数据清洗，以实现档案信息资源的高效挖掘。不同地域的档案机构在进行档案信息资源的深层次开发利用时，通过信息资源共享平台采集到的档案数据是凌乱复杂的，不具有应用价值的档案信息资源普遍存在，同时由于多信息资源采集渠道导致存在大量重复档案信息资源。MapReduce 应用算法可以对档案信息资源价值进行评估和处理。在档案信息资源挖掘工作的数据预处理阶段，对采集到的大量档案信息资源进行同构化处理后，将其分割成几个部分，在此过程中每部分都会有相应的键—值对应关系，将这些档案信息资源交予不同的 Map 区域进行处理，此时在不同的 Map 区域对最开始的键—值对再次进行处理，形成中间

结果更细化的键—值对，继而由 Shuffle 进行清洗操作，把所有具有相同属性的 Value 值组成一个集合，将此集合呈至 Reduce 环节进行价值合并，Reduce 部分将这些 Value 值进行搜集，把相同的 Value 值合并在一起，最终形成较小的 Value 值集合。MapReduce 对海量档案信息资源分而治之，并使用"物以类聚"的分析方法，分析档案信息资源之间内在的特点和规律。根据档案信息资源属性间的相似性对其分而治之，再根据其价值点之间的相似性对其实现价值聚合，可以在档案信息资源挖掘中实现资源清洗和价值分析整合，提升挖掘效率。

（三）可视化技术在档案信息资源挖掘中的应用

1. 应用必要性分析

在大数据背景下，档案信息资源种类、结构更加复杂，数量也更巨大。在档案信息资源挖掘过程中，需要对诸多海量的、多元化的、结构复杂的档案信息资源进行直观展示，使档案信息资源的管理者和使用者可以清晰洞察档案信息资源背后所隐藏的信息，并将这些信息转化为可以对自身生产生活发挥实际作用的知识。对档案信息资源进行挖掘首先必须对原始资源有清晰、直观的认识，随着档案信息资源总量的增大，这一过程越发困难。对于档案信息资源的开发者和挖掘者而言，海量的档案信息如同一个口很大的黑洞，必须对这些资源进行逐一认识、排查，发掘其所隐藏的价值。当原始挖掘对象的总量很大时，还需要对原始信息资源进行检索，在传统的档案信息资源检索条件下，为了浏览所有结果，用户只能不断翻页。在档案信息资源的挖掘过程中引入可视化技术，把档案信息资源以及其内部不可见的语义关系以图形的形式进行直观呈现，同时在使用计算机对档案信息资源进行处理时更加注重人机交互的过程，以更系统、高效地对档案信息资源进行发掘，准确提取其潜在价值，使之发挥更重要的社会效用。

2. 可视化技术在档案信息资源挖掘中的具体应用过程

信息可视化的定义为"使用计算机技术，使复杂的数据信息以交互的、可视化的形式体现出来，以增加人们对其认知程度"。可视化技术的主要研究重点在于它倾向于对复杂的数据信息进行综合分析，将其转化为易于理解的可视化图形，以直观的视觉方式展现数据中隐含的信息和规律。人类从外界获取的 80% 信息来自视觉系统，因而可视化的主要任务在于建立起符合大家普遍认知的、易于理解的心理印象。信息的可视化技术已经发展多年，现在越发成为人们分析抽象、复杂数据的重要工具之一。

在档案信息资源挖掘领域，信息可视化技术也可以发挥类似的效力。首先构建一个完整的档案信息资源数据集，即档案信息资源可视化界面，对该数据集中的档案信息资源进行全面的认识。其次放大目标所在的档案信息资源领域并剔除不需要的档案信息。最后结合用户的具体需求向用户展示具体细节，通过用户的具体操作和实践过程探索在档案信息资源可视化分析中使用者的行为，以此对可视化系统的实现提供指导。同时，注重档案信息资源的关联性和系统性，向用户展示档案信息资源数据项之间的相关性。在上述过程中须注重对历史操作数据的搜集和整理，要重视保存并整理在与使用者进行交互过程中产生的历史记录，这样可以对可能遗失的相关信息资源进行复原，也可以对类似的工作进行复制和重复以及细化更深层次的档案信息资源可视化处理与挖掘工作。与此同时，注重使用者、档案信息资源和档案管理者三者之间的交互，以实现档案信息资源可视化的操作。

档案信息资源的可视化描述是对其进行高效、准确挖掘的前提。这一过程的主要内容是构建反映档案信息资源具体内容的图符、多纬度空间描述图、特征库、知识组织体系和相应的数据压缩格式。对于档案信息资源，尤其是以文本形式存在的文书类档案信息资源，可以根据这些档案形成的时间先后将其进行图形化显示，将它们的特性以图形形式表示出来。当前可应用于档案信息资源挖掘工作中的文本信息可视化技术有很多种，如标签云技术，即将原始档案信息资源的原始属性根据词频规则，总结规律，根据该规律对其进行排列，用大小、颜色、字体等图形属性对原始档案信息资源的关键属性进行可视化表述。除此之外，还有图符标志法，这种可视化方法可以把专业的、复杂的档案信息资源以十分直观且易于理解的形式向挖掘者和使用者进行展示。在档案信息资源挖掘过程中，通过可视化技术了解挖掘对象的属性和关联性，对采集的海量数据进行去噪处理，有利于管理者和使用者更清晰地认识这些信息资源，从而实现档案信息资源准确高效地提取。

目前，已经有很多城建档案馆将可视化技术运用于档案信息资源的管理和应用中，如鞍山市城建档案馆、安庆市城建档案馆等。通过可视化技术对馆藏资源进行直观表示，增强了档案信息资源采集、归档、处理过程的透明度，对档案信息资源的开发利用有着重要作用。南京信息工程大学也对高校档案信息资源进行了可视化处理，构建了以校档案馆为中心，涵盖学校各级党政机关、学院各档案机构的档案信息资源可视化协作网，将学校的行政类档案、学术类档案以及其他类型档案信息资源进行系统搜集，将相关数据利用可视化技术以图符的形式进行直观展示，并将其应用于有关联关系的抽象网络档案信息资源库。以可视化管理技术对该网络信息库进行管理，并设计易于操作的人机交互界面，以此辅助用户充分发掘和分析档案信息库中隐含的知识信息。

三、大数据技术应用下档案信息资源挖掘工作的发展趋势

大数据技术深刻地影响着档案信息资源的挖掘过程，在社会信息资源日新月异的大数据背景下，未来的档案信息资源挖掘工作也必须适应时代发展的潮流。在大数据技术得到深入应用的前提下，档案信息资源的挖掘工作逐渐呈现出新的发展趋势，主要体现在挖掘主体协同化、挖掘对象社会化和挖掘方式标准化三个方面。

（一）挖掘主体协同化

在大数据时代，档案信息资源外延的扩大化以及跨媒体的语义处理技术在档案信息

资源挖掘领域的应用，未来的档案信息管理工作应当秉承以档案部门为主导的协同合作主体多样化原则。在档案信息资源挖掘领域主要体现在挖掘主体协同化。在大数据背景下，数据的关联性日渐紧密，档案信息资源与其他类型的信息资源之间也具有越来越紧密的联系，档案机构在从事信息挖掘的过程中与其他社会机构协同合作成为未来档案信息资源挖掘工作的新趋势。各级档案馆可以加强与图书馆、博物馆等文化事业单位的协同与合作，推进信息资源的共享；也可以加强与商业机构的合作与协同，对档案信息资源进行协同开发，注重与档案信息资源的服务供应方、互联网运营商的协同，挖掘档案信息资源中隐藏的商业价值；高校档案机构也可以搭建与政府机构、企事业单位、民间组织进行信息交流的平台，主动推送档案信息服务，与这些机构协同挖掘档案信息资源的价值，获得人力、物力和财力上的支持，使高校的研究成果产生更大的社会效益。

现已存在档案机构与其他文化事业单位协同挖掘档案信息资源的案例。比如，中国第一历史档案馆与故宫博物院、湖南广电集团协同合作，深入挖掘馆藏档案信息资源，联合摄制了大型纪录片《清宫秘档》，使社会公众通过这些清代档案深入了解了当时的历史状况，深得好评。在云计算技术的支持下，未来图书馆与档案馆进行资源整合，协同挖掘馆藏信息资源成了档案信息资源挖掘发展的一个方向。又如，加拿大国家图书档案馆、天津泰达图书档案馆的成功运行都为未来的图书馆与档案馆协同发展提供了参考。

总之，档案信息资源是大数据时代最重要的财富之一，其价值的挖掘和提取对未来数十年社会的发展具有不可估量的意义，档案信息资源的挖掘工作关系到档案信息资源的整合与优化，关系到档案服务工作的前进方向，关系到信息化社会档案信息资源对于社会的服务能力，更关系到我国在大数据时代能否把握历史机遇，实现综合国力和国际竞争力的全面提升。大数据技术虽然已经普遍应用于社会的很多领域，但在档案信息资源挖掘领域中的应用尚处于起步阶段，使用云计算、可视化分析、语义处理技术等大数据技术系统而高效地进行档案信息资源挖掘是当下和未来档案工作的重要内容。广泛采集、综合分析、整合成果、高效利用，树立大数据背景下的档案信息资源挖掘新理念，使用以大数据技术为基础的档案信息资源挖掘新技术，广泛借鉴国内外先进成果，积极总结经验教训，顺应时代潮流和国家政策的指引，完善相关标准和法规，大力深化大数据技术在档案信息资源挖掘领域的应用，打造多部门协同发展，面向多元化信息来源、统一协调的档案信息资源挖掘体系，为我国的档案事业做出更大的贡献。

（二）挖掘对象社会化

大数据时代，各类新型数字化媒体层出不穷。这些社会化媒体每天都产生和传递着海量的社会信息资源，而这些信息资源日渐成为档案信息资源的重要来源，如何对与日俱增且价值巨大的社会档案信息资源进行采集、存储，并挖掘其中价值成了档案挖掘工作的难题。大数据技术在档案信息资源挖掘中的深入应用可以解决这一难题，云档案平台的构建可以实现社会化档案信息的跨区域共享和流通,云存储技术可以为体积巨大的社会档案信息资源提供安全可靠的存储空间,语义处理技术可以实现跨媒体的档案信息资源处理。这些都为社会档案信息资源挖掘提供了技术支持。如今档案信息资源的社会化趋势与日俱增,随着"大档案观"理念和档案的"社会记忆"理念的提出与推广,档案信息资源的外延逐渐扩展,关于社会化媒体信息资源的研究也越发活跃。如今,社会媒体信息资源的急剧增长极大地推动着我国档案信息资源的社会化进程,社会媒体的应用深刻改变着社会民众的档案意识,为档案信息资源的社会化注入潜在推动力。大数据技术为其开发利用提供技术支持和保证,在未来的档案信息资源挖掘中,挖掘对象社会化已成为必然趋势。

(三)挖掘方式标准化

虽然云计算、语义处理技术已应用于档案信息资源挖掘领域,并将不断普及,但是想要实现档案信息资源更大范围的资源共享、应用工具的共享和利用,还有很多挑战,最主要的挑战在于挖掘方式的标准化处理。在目前的大数据挖掘工作中,原始档案信息资源普遍存在着录标准、组织标准不统一现象,这给档案信息资源的挖掘利用造成了困难。因此,今后云计算技术、语义处理技术应用于档案信息资源挖掘时将呈现出挖掘方式标准化的趋势。在未来的档案工作中,各级档案机构首先要做好档案信息资源组织标准的构建工作,为跨媒体的语义处理和信息提取创造条件。要注重对现有档案信息资源组织标准的完善和对统一挖掘标准的理解和推广,实现大范围的档案信息资源标准化处理,从而使档案信息资源的挖掘方式实现标准化和统一化。同时,在云档案平台的构建过程中也应该注意标准化建设,需要由国家出台相关政策对云计算服务平台标准进行规范和指导,在具体的实践过程中,严格执行现有的档案数据著录与案卷级、目录级数据格式标准,还应总结问题出台新标准,以实现档案信息资源在未来更大范围内的资源共享、广域采集和标准化开发利用。除此之外,还应当注意在档案信息资源挖掘过程中如何参与制定与执行国际标准,建立起标准化的信息资源接收渠道,形成统一规范的接收协议。实现全球通用的档案信息资源执行标准是新技术在该领域得以普及和推广的重要保障。

第三节 档案信息资源的开发与利用

一、档案信息资源开发与利用概述

(一)档案信息资源开发与利用的含义

档案信息资源的开发与利用就是在档案工作领域运用现代信息技术采集、处理、传递和使用信息资源,提升档案工作质量的过程。开发的任务是生成有用信息,通过信息的生产确保信息的供给。利用是实现信息的价值，确保信息能够在各项活动中发挥作用，形成效益。可以说，档案信息资源开发是基础，利用是目的，两者互为因果，相辅相成。

（二）移动互联网环境下档案信息资源开发与利用的特征

在移动互联网环境下，档案信息资源开发与利用有了一些新的特征，把握变化才能更好地适应这一环境。

1. 获取档案信息资源的途径增多

传统获取档案信息资源途径主要包括到馆获取、从档案编研成果中获取、访问档案网站获取。在移动互联网环境下，档案获取途径变得更加丰富，微信、微博、手机 App 等多种途径可供选择。在这些社交媒体的帮助下档案走进了千家万户。

2. 时间上的碎片化

由空间的移动性导致了档案信息资源利用时间的碎片化。这一特点不仅要求档案信息资源可被随时访问到，还对档案信息资源开发者提出了新的要求。在移动互联网环境下，人们已经进入"读图时代"，档案信息资源展示形式应该与时俱进，图片、小视频是当前更受欢迎的形式。另外，阅读时间碎片化对档案信息资源的内容也产生了一定影响，人们更加倾向于简单娱乐性的内容。因此，档案信息资源开发者应该把握住移动互联网环境下的新特点，提供用户需要的内容。

3. 空间上的移动性

移动环境指的是人或物处在不断变化的空间环境中，在移动信息服务的过程中，用户及其所持终端是处于移动状态的，总是跨越不同地点，跨越不同情境。一方面，这一特点为档案利用提供了便捷，用户获取和利用档案信息的空间自由度更大。另一方面，这一特点也对档案利用工作提出了挑战：移动空间环境中的干扰因素增加，用户对档案信息的利用呈现碎片化趋势，对档案信息的质量要求更高，移动环境对无线网络、信息传输等的技术要求也更高。

4. 用户主导档案信息资源开发

在移动互联网环境下，网民的"话语权"得到增强，更加有利于表达自身诉求。传统的由"档案馆"主导的档案信息资源开发逐渐向用户主导转变，一些类似于"我需要的档案信息"的调查活动使用户加入档案信息资源开发的"选题""选材""编辑"，甚至是宣传推广中。利用者也是开发者，使档案信息资源利用率得以提升。

5. 档案信息资源利用的深度增加

在移动互联网环境下，档案信息资源的利用从简单的"实物利用"向"知识利用"转变。档案的凭证性作用依然重要，但是在移动互联网环境下人们参考档案指导实践活动、利用档案信息进行创作、通过档案回忆历史的例子随处可见。档案信息资源开发利用深度加深。

二、大数据时代档案信息资源开发利用措施

我们已经充分了解了档案信息在所有信息中的特殊作用，机遇与挑战是并存的，档案信息资源一定会成为知识经济时代发展的重要力量。只有合理开发和科学利用档案信息资源，才能为社会的发展和进步创造出巨大的经济效益和社会效益。

（一）档案信息资源开发利用的三大支柱

在知识经济条件下，人们对档案的需求呈现多元化。档案部门只有以丰富馆藏、优化结构为基础，以利用现代化技术手段和提高档案管理队伍整体素质为条件，才能深化对档案信息的开发，满足社会的利用需求。

1. 丰富馆藏和优化结构是开发利用档案信息资源的基础

档案工作要想满足社会信息需求，服务经济建设，档案馆（室）就必须保存门类齐全、内容丰富、结构合理和价值珍贵的档案资料。因此，丰富的馆藏是开发利用档案信息资源的物质基础和先决条件，改变档案馆（室）内存缺乏、门类单一的现状，广泛收集优质信息资源来进一步丰富馆（室）藏是开发利用档案信息资源的核心工作。

出于历史原因，目前绝大部分档案馆所保存的档案以反映机关工作活动为主。这些档案在平反冤假错案、编史修志等项工作中，确实起到了无法替代的作用。但是，在知识经济条件下，人们对档案信息需求的内容将呈多元化趋势，这就将出现馆藏档案与社会需要不相适应的矛盾。一方面社会需要的档案信息的范围不断扩大；另一方面档案馆又缺乏可供各方面利用的信息资料。这就需要积极开展档案收集工作。收集工作质量的高低会直接影响到档案工作与其他环节的工作质量。

只有门类齐全、结构合理的馆藏档案资源，才能满足利用者的各种信息需求。为此，档案工作者应加强调查研究，掌握档案信息的利用规律，使馆藏档案尽可能与利用者需求相吻合。在收集过程中我们不仅要收集足够数量的档案材料，还必须尽量保证档案信息的优质化、齐全和完整。收集后的档案要进行系统的管理，档案的分类组卷要能反映一定的历史联系，有章可循，让人看了一目了然。案卷的排列要有规律，力争实现规范化、标准化，保证查找的顺利，方便人们的利用。简言之，就是要使档案信息由无序状态变为有序状态。在馆藏档案的收集中，要改变过去坐等接收的办法，要面向社会，通过各种方式，开辟多条渠道，积极主动地进行收集。

总的来说，馆藏档案要体现在广度、质量和特色三个方面。在接收档案的内容上要注意宏观和微观的结合，广采博收，以质量为中心，把散存于社会上的真正优质的档案信息资源收全、存好、用活。首先，在广泛调研掌握立档单位档案状况的基础上，制订接收计划，把属于本馆范围的各种档案资料接收进馆；其次，要从有利于保护档案作用的实际

出发，加快进馆速度；最后，要不断扩大档案的收集范围，注意收集保存各个时期、各门类、各载体、各类型的档案。就种类而言，不但要注重党政档案的收集，也要注重科技档案、专业档案等的收集，还要注意征集有保存和开发价值的集体、个人所有的档案；从年代上看，既要有早期的档案，也要有现代的档案、资料；从内容上看，既要有反映机关日常工作的档案，也要有知名人物、典型单位的档案；从载体上看，既要有纸质的又要有音像、光盘、软盘以及实物性档案材料，尤其是具有地方特色、民族特色的档案，以优化馆藏结构，逐步建立起内容丰富、形象鲜明、特色凸显的馆藏体系。只有馆藏丰富了，才能为开发利用档案信息资源奠定坚实的物质基础。

此外，还要建立健全切实可行的规章制度，强化有关人员的档案意识，提高其业务素质和责任感，做到凡属归档范围内的档案材料都能够按要求归档，该进馆的档案都能够进馆。只有积累起门类齐全、内容丰富、质量较高的档案信息资源，才能扩大信息量更好地为经济建设和社会利用服务。

2. 现代化信息技术的应用是档案信息资源开发利用的重要手段

大量的实践证明，没有现代化的技术、设备和手段应用于档案信息资源的开发利用，就根本谈不上科学开发和合理利用档案信息资源。先进的现代化设备在档案工作领域的广泛应用，为科学开发利用档案信息资源创造了优越的条件，给档案信息资源的开发利用带来了革命性的变化。例如：复印机的使用既加快了档案信息的摘录速度，又大大提高了工作质量和效益；电子计算机终端网络的应用，使档案信息的远距离传输成为现实；还有利用电子计算机统计和检索档案信息，使档案信息资源开发利用工作效率大幅提高。可见，现代化信息技术手段的应用，既把档案工作者从繁重的手工劳动中解脱出来，又使科学、合理、有效地开发利用档案信息资源真正成为现实，也为实现人类档案信息资源的共享打下了坚实的基础。同时，随着计算机技术应用的不断深入，档案管理无纸化将成为可能，这就是电子档案的面世。电子档案有数字化的信息形态、对设备的依赖性、信息与载体的相分离性、信息的易更改性、信息的共享性等特性。这就必须借助新型介质和现代信息处理技术，对其进行归档、整理、编目、保管和利用。因此，以光盘技术、缩微技术、计算机技术为代表的现代信息技术将在档案信息资源的开发利用中显示出巨大的威力。它主要体现在以下几个方面：

（1）应用计算机技术分析、处理和整合档案信息资源

计算机是高速度、大容量的信息处理工具。应用计算机可以实现档案信息的编目、检索、统计、借阅等工作的自动化操作和管理，减轻了档案信息资源开发利用工作的强度。它的功能有档案信息的编目、检索、统计、打印、修改、传递等，可以做到一次输入，多样化输出，减少重复劳动，扩大档案信息的检索和利用的途径，及时、准确、全

面、系统地提供档案信息。

（2）应用档案缩微技术翻拍、留存、传递档案信息

档案缩微技术就是将档案文件按一定的比例缩小拍摄在感光材料上，制成缩微复制品，进行存储、传递和使用。缩微复制品不仅能如实反映档案信息内容及载体的原貌，而且具有保存寿命长、规格统一、能用性强、提供利用多样化等特点，既方便了档案信息利用者，又减少了档案因大量翻阅而造成的破损。缩微技术还可以和计算机联机，实现计算机检索、还原、复制档案信息等功能。

（3）实现档案信息数字化、网络化

档案信息资源建设，核心是档案信息的数字化建设。它是利用现代化信息技术，将传统载体档案进行数字化处理，实现多媒体存储和海量存储，使不同时空下的档案信息资源得到充分的共享，从而克服传统的档案信息服务方式的局限性。面对数量庞大的档案信息，人的加工组织管理能力是有限的，当整个社会逐步进入信息化的快车道时，档案信息的加工与整理如果还停留在手工管理水平，必将为历史所淘汰。因此，档案部门应该大力推进档案信息与现代化技术管理的进程，实行档案数字化管理。目前，在建设机读档案目录数据库方面，各级各地档案部门都取得了一定的成果和经验，有的在通过数字化建立档案全文数据库和多媒体数据库。

（4）充分利用传统载体档案

数字化的档案信息并不否定传统载体档案存在的合理，而是两种形式的档案共存和互补。在用档案信息数字化来满足利用者自由地利用档案信息的同时，还要按照客观要求对二者进行科学的组合配置，以充分发挥数字化档案信息和传统载体档案信息的整体作用。

3. 提高档案人员的综合素质是开发利用档案信息资源的重要条件

档案信息资源的开发利用是一项涉及面广、综合性较强的工作。在档案信息资源开发利用工作中，档案人员是档案信息资源开发利用的主体，他们的素质直接影响开发利用的成效。因此，只有不断提高档案人员的综合素质，才能使档案信息资源开发利用工作更优质、高效地开展。

现代高新科学技术的引进和现代化设备的应用，是档案部门大力加强档案信息资源开发利用的重要环节，它要求档案人员应是一种基础理论扎实，知识面宽，适应性和创造性强的新型人才和多元化人才。因此，按照"推进信息化，服务经济建设"的要求，档案部门不仅需要传统服务型人才，更需要开发型人才、参考咨询型人才、公关型人才、技术型人才和研究型人才。同时，档案人员还必须切实转变观念，增强服务意识。服务思想要

由过去的为"政治服务"向"服务经济建设"转变。服务理念要由过去单纯的"管好档案不泄密"向"全面开发利用档案信息资源"转变。档案人员队伍必须具备合理的知识结构和素养，以适应档案信息资源开发利用对档案人员素质的要求。具体来看，应具备以下三种素质。

（1）良好的知识素养

档案工作本身就是一项"今世赖之以知古，后世赖之以知今"的万年百世之事。传统档案都是用语言文字记载的，档案工作者时时刻刻都在跟文字材料打交道。档案是历史的记录，每时期的档案都与当时的社会历史有一定的联系，只有懂得历史，了解档案产生的历史背景，才能够准确鉴别档案真伪，准确鉴定档案价值，并管好和用好档案，开发档案信息利用的价值。这就要求档案人员必须具备一定的语言文字素养和丰富的历史文化知识。同时，档案人员还要广泛接触各行各业的利用者，时刻都离不开语言表达、文字交流，所以档案工作者只有具备丰厚的语言文字功底，才能够准确了解档案内容，满足利用者的需求。随着中国加入世贸组织，中外交流的领域日益扩大，档案信息资源开发利用的范围也在不断拓展和延伸，这就要求档案人员还必须具备一定的外语知识，能够熟练处理有关档案信息资源开发利用的外文资料。此外，档案人员具备一定的法律知识，依法开发利用档案信息资源的能力也是必要的。

（2）熟练的信息处理能力

因特网的广泛应用和发展，使世界范围内的信息资源共享成为现实。它大大拓宽了人类的信息空间，并日益成为档案信息资源开发利用工作的管理平台和技术支撑。目前，全国省级以上档案馆（局）已基本建立档案信息网。在不久的将来，市、县档案馆（局）也都建立起网站后，档案馆不仅成为各种档案信息的保管基地，而且会成为这些信息的开发利用中心。因此，档案人员不仅要适应网络信息技术操作的要求，还要具备运用数字化、网络化技术手段进行档案（文件）信息管理系统的软件开发、档案信息网站的设计与维护、数字档案馆的构建等能力。所以，档案人员只有具备了熟练的信息处理能力，才能够深层次地开发利用档案信息资源，真正实现档案信息资源共享。

（3）熟练的业务能力

档案信息资源开发利用工作是一项综合性很强的工作，它对档案信息的收集、分类、编目、分析、整合等环节都有非常严格的要求。这就要求档案人员不仅要熟练地对档案信息展开分析和整合，还要掌握一定的处理和开发档案信息的手段和技术。近年来，随着新型存储介质的不断出现和现代信息处理技术的广泛应用，出现了许多新型载体的档案，如声像档案、电子档案等。由于这些新型档案在信息的记录与存储方面有特别的要求，我们传统的档案保护与管理手段已无法确保这些档案信息的完整与安全，这就要求档案人员掌握相应的新型载体档案的保护和管理方法，以确保档案信息内容的安全性、真实性与完整性。

（二）档案信息资源开发利用的模式

1. 档案信息资源开发利用的传统模式

档案信息资源开发利用方式由于不同的环境条件而呈现出不同的开发水平、开发层次、开发质量和开发效果。其传统方式主要有档案阅览、档案外借、档案信息报道和档案陈列、档案展览等。

（1）档案查阅

这是档案部门提供档案信息通常采取的服务方式。档案部门设有阅档室，并为档案用户准备诸如检索工具、工具书、参考资料等，供利用者进行借阅利用。这种利用方式，供需直接见面，信息直接流通，对档案部门来讲，能及时接受利用者的反馈信息，并且有利于档案保管保护。

（2）档案外借

利用者为了某种需要将部分馆藏档案原件或副本暂时借出使用，包括个人外借、集体外借、馆（室）间互借、预约外借和流动外借。在档案的利用活动中，档案人员对那些珍贵的或易损的档案、古老档案，以及特殊载体的档案，一般不外借出馆。档案外借服务应注意保管、保密和完整性等问题，特别应注意建立催还制度。还值得一提的是在《档案法》和《档案法实施办法》及各省市制定的档案管理条例中都做出了"法人、其他组织以及个人凭身份证、工作证或者介绍信等合法证明，可以利用已经开放的档案"的规定，这就从法律制度上为档案利用者利用档案提供了保障。

（3）档案报道服务

档案部门通过档案报刊或新闻媒介向社会和利用者揭示和通报档案信息，报道档案工作法规、制度，交流工作经验等。

（4）档案陈列、展览服务

这是档案馆按照一定主题，以展示档案原件形式或复制件的方式，系统地揭示和介绍档案馆（室）藏中有关档案的内容与成分的一种服务方式。通过举办展览，建立爱国主义基地和参加有关活动等方式，大力开发利用档案信息资源。

2. 档案信息资源开发利用的智力型模式

档案信息资源开发利用的智力型模式通常包括编研服务、情报服务、检索服务、专题服务和咨询证明服务等模式。

（1）编研服务

编研服务是指档案部门具有档案编研职能，并设有编研机构，拥有专门编研人员，根据档案馆（室）自身的馆藏特色以及档案利用价值，有选择、有目的地开展研究和选编，为机关和社会提供档案信息资料的专业工作。对档案资料进行专题研究、编撰出版，是档案部门开发利用档案信息资源的一条重要途径。它的编研成果包括公开出版物和内部参考等。

（2）情报服务

在企业事业单位、科研院校以及经营单位中，档案是重要的情报源之一，如会计档案、科技档案、科研成果、论文、专利等档案是重要的情报来源。目前在一些大中型国有企业和科研院所、高等院校推行档案图书情报的一体化管理，这种想法得到很多学者和实际部门工作者的认同，在很多期刊上也就此问题展开了激烈的讨论，这可能是未来的一个发展趋势。档案图书情报一体化管理的最终目的是要构建图书、档案、情报工作三者之间的桥梁，加强图书、档案、情报工作之间的联系，减少不必要的冗余环节，促进信息资源的优化管理，使它们能够为实际工作更好地服务，而并非图书、档案、情报的工作方式和手段已经失去差异。因此，档案信息的情报服务可能会成为档案人员工作中的重要内容。

（3）检索服务

针对利用者特定的实际需要按照一定的档案标识系统与途径，从大量的档案目录、索引、文摘、卡片等二次文献中查找出需要的档案信息的服务活动，它是提供利用的先期工作和衡量档案工作水平的重要手段和内容。开展检索服务必须建立完善的检索系统，合理组织和整理档案文献资料，加强馆藏基础管理工作。档案检索服务已经历了手工检索、半机械化检索和计算机检索以及光盘检索和目前的网上浏览等阶段。尤其是网络检索这种方式，它能提供各种功能强大、灵活、实用的检索工具，使得检索成为一项轻松而愉快的工作。档案用户之间、档案馆（室）之间、档案用户与档案馆（室）之间的地理距离将由于网络的连接而消失，彼此之间的交流与合作将在档案工作中普遍应用。

（4）专题服务

档案信息专题服务又叫"跟踪服务"，指的是档案信息部门根据利用者的需要确定某一专题，并围绕这一专题从档案文献中选择出对该专题有用的档案信息，定期、主动地向利用者提供服务的一种方式。档案信息专题服务水平大体要经过确定内容、跟踪服务和效果反馈三个步骤。

（5）咨询证明服务

档案部门经常会碰到一些有关政策、法律、规定、个人经历、学历等方面的咨询（证明）。近年来，随着城市建设和改造，档案部门在不违反国家法律、法规的情况下，向市民提供咨询或出具涉及市民切身利益的拆迁政策、土地使用权、房产权等的证明，都能使咨询者满意。

（三）档案信息资源开发利用新趋势

在 21 世纪的今天，知识和信息已经成为经济和社会发展的首要资源，知识和信息的高度发达对档案信息资源的合理优化和配置提出了更高的要求。档案信息资源开发利用的传统型、智力型模式还会继续发挥作用，同时，档案信息资源开发利用的模式还必须适应多元化需求的特点。从现代通信技术、多媒体技术的发展以及社会对档案信息的需求来看，档案信息资源开发利用的模式产生了一些新的变化。主要有以下四种趋势：

1. 反映历史和地方特色是档案专题展览呈现的新趋势

档案专题展览是开发利用档案信息资源的一种传统方式。近几年，公众了解历史真相的兴趣和关注地方文化特色的兴趣日益增长，档案专题展览正以一个新的视角融入社会和老百姓生活。

（1）从反映历史真相的角度来看

历史的发展，中华的崛起和国力的强大，公众对历史真相开始表现极大的兴趣。

（2）从反映地方特色的角度来看

地方档案馆举办的展览特别是馆际之间合作举办的展览，可以更多地反映该地区经济、文化、政治的发展，发挥档案在社会主义文化甚至在国际文化交流中的作用，让百姓体验到档案的丰富内涵，感受档案的独特魅力。

2. 现代通信网络服务

现代通信网络服务是指档案部门充分利用现代通信技术，如通信卫星、邮电信息网、地区公用信息网、国家公用信息网和国际公用信息网进行服务等，将档案信息发布出去，针对不同地域、不同时空的公众向他们公布档案信息。随着信息技术、计算机技术和通信网络技术的日益普及，因特网为档案信息的公布提供了一个全新的具有广泛作用和广阔前景的手段。

20 世纪 90 年代以来，多媒体技术飞速发展，电子计算机大量涌入家庭，因特网作为未来信息高速公路的雏形，已从最先为美国政府拥有的、为冷战服务而发展起来的小型计算机网络，迅速发展成为一个世界性的、用户最多、影响最大的信息资源网络系统。网上统计资料表明，在因特网的形成和迅速发展的形势下，我国信息高速公路也以惊人的速度发展起来。

通过档案网站发布档案信息、提供利用是开发利用档案信息资源的一种简单、便捷的方式。单就档案机构和档案学（协）会而言，已有 2000 余个在因特网上开设了主页，我国也有 400 多家各级各类档案网站成了档案信息资源共享的先行者。全国 34 个省、自治区、直辖市（包括香港和澳门）基本上都已经建立了档案网站，档案信息通过网络途径得到了及时的开发和提供利用。目前，由于财力的限制，很多地区的百万多条文件级信息还得不到充分利用。市级特别是县级以下档案网站建设相对滞后一些，但是发达地区（如江浙地区的浙江档案网）和直辖市（如北京市档案局馆网和上海档案信息网）的档案馆局网站和高校档案馆网（如北京大学、上海交通大学和东南大学档案馆网）建设已初见成效。通过网络形式开发利用档案信息资源需要选择既有开放性又有可读性的档案内容上网，例如利用档案中的题材出版电子档案书籍，利用档案中的素材拍摄电影、电视剧借助网络链接播放，利用档案中保存的历史照片及原文，在网上开设专栏供网民阅读和讨论等，这些方式可以充分开发档案信息资源，挖掘档案信息资源的价值。近几年有些服务在一些城市已经成为现实。取得显著成效的是上海市、北京市档案馆网站，该档案网站上开放了几千万条档案目录和部分开放了档案原文、照片、录音、录像等，许多利用者通过档案网站了解和查找了他们所需要的档案信息。这几个档案网站都保持了较高的点击率，每月能达到几万人次。

3. 视听传播服务

视听传播服务是指档案部门突破传统的"图片、文字、展品"模式，利用声、光、电、多媒体等多种手段，采用电视网、电影、广播、录音、录像等制作方式向公众开放和公布档案信息。具体说来就是让公众通过欣赏老照片、老电影，听老校歌、老校训等音像形式来感受一种回味历史的无穷乐趣。这种视听传播方式的特点在于强化了档案产品的公众性、直观性、观赏性甚至可操作性，有利于吸引社会各层面、各年龄阶段公众的兴趣，更能满足休闲时间日增前提下的"丰富外行读者知识的接触"的要求。

4. 建立现行文件查询利用中心

随着现行文件服务工作的深化，社会对现行文件的需求也日益增长，要逐步建立完善的现行文件服务体系，为社会提供多层次、多形式的服务，最大限度地满足利用者的多样化需要。首先，要研究社会对现行文件信息需求的特点、规律和趋势，积极开展现行文件编研工作，主动为社会提供系统的现行文件信息服务，如"深圳市文档资料服务中心"就有关政策法规、内部刊物、档案信息等方面开展了查询和阅览，并开展了档案专业书籍、杂志、报纸、编研成果、缩微复制品等的销售服务。现在该中心已汇集了不同种类的现行非涉密性文件、政策法规、内部书刊、资料、专业书籍、编研材料、声像档案共1000多种，供社会各界查询、阅览、购买。其次，要配备业务水平高、政策素养好的档案人员，全面系统地研究现行文件的内容，准确把握各项方针政策、法律法规，通过现场咨询、电话咨询、网络咨询等形式为社会提供现行文件咨询服务。再次，还要对现行文件进行数字化处理，通过计算机网络为社会各方面查询利用现行文件，提供更为方便快捷的途径和渠道，如安徽档案信息网在现行文件的服务方面就提供了土地政策、住房、社会保障、工资福利待遇、教育、民政和物价等多个方面的网络查询。最后，要把现行文件服务与现行资料服务、开放档案服务、未开放档案服务有机地结合起来，发挥整体效能，开发档案信息资源，最大限度地满足社会各阶层、各方面对档案、文件和资料信息的需求。

在社会信息化大潮滚滚到来之际，大力开发利用档案信息资源已经非常现实地提上了各级档案部门的议事日程。但是由于种种原因，目前我国档案信息资源开发利用工作存在着不少问题，档案信息资源能发挥的作用与应发挥的作用之间还存在不小的差距。因此，加强档案信息资源的开发利用迫在眉睫。

随着21世纪信息化时代的到来，开发和利用档案信息资源，充分挖掘档案的利用价值，是档案部门生存与发展的需要，也是社会主义市场经济条件下经济建设飞速发展的必然结果。档案信息资源开发利用工作将踏着时代的脚步日新月异，档案信息资源的开发利用趋势会逐渐改变，它对社会的巨大作用也会逐渐显现出来。

> 思考题
> 1. 说说档案信息资源及其整合的概念。
> 2. 大数据技术在档案信息资源挖掘工作中体现的优势有哪些？
> 3. 大数据时代档案信息资源开发利用措施有哪些？

第六章 档案安全管理

★导读：
　　档案馆的安全是保障档案安全的根本。随着社会的发展，各种新型安全技术和安全保障方法不断涌现，如智能监控、网络安全等技术逐渐在档案馆得到应用和普及。本章重点介绍保障档案馆公共环境安全的监控系统及其相关技术，以及信息网络环境下档案馆的全网安全战略规划和安全运行体系。
★学习目标：
1. 熟悉档案馆公共环境与安全监控方面的知识。
2. 了解全网安全管理的重要性。
3. 学习并掌握档案数据安全治理策略。

第一节　档案馆公共环境与安全监控

一、安全监控系统概要

　　随着计算机网络技术、通信技术的应用以及档案系统保护及其自动化技术的发展，保障档案馆公共环境安全的自动化程度也得到了不断的提高，很多档案馆已经或正在采用一些先进的技术、配备必要的设施，利用一些实用的档案安全保护技术，减少档案安全的隐患，确保档案保管和存储环境的安全。安全监控系统是档案馆普遍使用的一种自动化智能安全保障与管理系统，是借用现代监控技术，以保障档案安全为目标而建立起来的智能化自动防范系统。它采用现代网络和电子技术手段来及时的发现、阻止入侵与破坏行为，将档案馆的门禁管理、防盗防火、防潮防湿等融为一体，是档案馆实现现代化管理的一种有效手段。

　　档案馆安全监控系统的作用不仅仅体现在档案馆公共环境的安全防范与监控上，它还体现在档案设备的集中管理与控制上。档案馆或其他档案保管机构经过多年的发展，一些控制设备、办公设备、通信设备等常常分散在楼内的各层、各个角落或多个位置，需要控制、监测的对象比较多，以前常采用分散管理模式，各种设备的运转状态、事故状态、能耗、负荷的改变不能得到有效的控制、监测。为了合理利用设备、共享设备资源、节省能源和人力、确保设备的安全运行，也需要使用一种新的设备管理系统，把分散的设备、功能及其相关信息等集成在一个相互关联的、透明的、能够实现集中管理和统一调度的控制系统之中，使档案馆内部设备资源达到充分的共享，实现集中、安全、高效、节能、便捷的管理。档案馆安全监控系统也正顺应了这种需要。

当前，基于网络的档案馆安全监控系统提供了数据快速传输、数据的集中处理和统计分析等功能，能够实现对被监控场所的图像数据的实时传输、记录和保存，能够对所发生的报警点启动预设进行相应的处理，实现即时的安全防范。性能优越的档案馆安全监控系统能够使档案馆的无人值守逐渐变为现实，能够实现档案馆真正意义上的"安全防范"，这是未来档案馆安全保障的必然模式，也是档案馆综合安全的发展趋势。因此，在新馆建设和老馆改造时，必须从档案馆的总体布局、内部结构和设备设施等方面充分考虑新的安全环境需求和潜在的、发展的需求，并结合实际应用需求和业务发展状况合理地选用和采取安全监控技术、有效发挥设备与系统功能，以及针对业务发展需要，借用各种现代化技术和手段，建造一个良好的、安全的档案馆公共环境，使档案馆的安全建设与时俱进，不断地适应档案管理和档案工作的各种社会功能的扩展需要，为档案资源的开发利用奠定环境安全基础。

二、档案馆安全监控系统规划与设计

（一）档案馆安全监控系统设计基础

1. 系统设计依据

任何系统的设计均以标准作依据，档案馆安全监控系统的规划设计也一样，在建设的过程中应符合一些相关的行业应用标准规范。有了这样的标准规范，当系统在组建中需要进行规划设计时，就可以参照相应的标准和要求，进行标准化的设计和施工，以利于系统工程的顺利竣工。

2. 网络接入的安全和权限设置

档案馆安全监控系统的安全性，对于通过网络监控的网络化设备监控系统来说，是非常重要的。档案馆安全监控系统是由工作人员通过Internet网络或局域网，在控制终端监视控制系统的运行，取得现场设备运行的状态信息数据，根据所反馈得到的数据，判断系统是否正常运转，进而决定是否改变设备的运行方式。因此，档案馆安全监控系统的安全不但要保障通信网络的畅通、数据的交换无误，而且安全监控系统的管理操作人员的权限和远程终端的接入认证也是一个非常值得注意的地方。为了更好的解决这样的问题，网络计算机安全技术的综合协调应用是一个很好的解决方案。

系统接入网络的安全主要涉及系统的保密、稳定、实用和完整。保密性是首要的，保证信息数据不被非法地获取利用；系统的稳定、实用，保证合法用户在使用网络资源时得到可靠稳定的使用；而完整性是指，从网上获取的信息的真实完整和反映整个系统软硬件设备资源数据的完整。

安全监控系统的网络接入安全有以下几个方面：首先是数据的加密技术和认证技术，在网络环境下，数据的加解密和身份的认证结合使用，可以使得非法用户即使破解了你的加密口令，也无法读懂所接收的信息，也就是任何非法用户对于加密、解密、身份的认证，即使有单方面的突破，也无法获取所需的信息数据，从而加强了网络的安全性。其次，安全通信技术和操作控制技术的使用，使得系统的安全更加趋于完备，安全通信可以防止传输的信息不被非法者中途截获利用；而操作控制可以解决对相关被控对象的访问控制，使得未授权的用户禁止进入被控对象设备或者进行与自己权限不相符的操作，这样，系统的安全就可以更加完善。

3. 系统数据管理功能

档案馆安全监控系统的数据管理可以采用数据库管理技术，进行日常的数据存储管理以及事务处理，小到日常的事务管理，大到网络上的电子商务，都在广泛的应用着各种数据库。数据库能有效地进行数据的存储管理，按照设计的要求能够完成各种预定的数据处理工作。数据库技术经过几十年的发展，现在已经很成熟，在安全监控系统领域也得到了很好的应用，同样，在档案馆安全监控系统的数据管理中，也同样离不开数据库技术的支持。

目前，主要的数据库有桌面数据库、对象数据库、关系数据库等，广泛使用的有DB2、Oracle、SQLServer、Sybase 和 Informix 等。在确定了数据库对档案馆安全监控系统的管理目标后，就可以利用已有的开发商开发的通用数据库应用程序，有条件的也可以开发适合自己所需的数据库管理系统，来管理系统的监控数据。一般的数据库应用程序的开发需要经过初步设计、功能实现、运行和维护程序这几个开发步骤。数据库应用程序的开发目标是建立一个满足用户对系统长期需求的产品，在开发的初期，还需要对用户对系统的需求进行系统的分析。另外，开发一个数据库应用程序的周期相对也比较长，所以要根据本部门情况，对系统的实现做具体分析和选择。

系统与数据库的通信可以采用数据库的访问技术与其通信，软件供应商通常提供专用和通用的两种数据库接口，专用的接口因其具有一定的局限性和伸缩性，故通常使用通用的数据库接口，目前常见的 Windows 系统上的数据库接口有 ODBC、ADO、OLE DB 等，通过采用这些通用的数据库接口，可以通过编写一部分程序代码实现与其通信，甚至可以通过程序的设计实现对多种结构类型数据库的多种操作。除此之外，当然还有很多的数据库访问与通信结构，用户可以参考有关的数据库应用设计方面的书籍。

4. 数据传输信道的选择

鉴于监控系统进行通信传输的信道不同，可以把系统进行的数据传输分为有线和无线的两种信道传输。有线的通信信道有很多种，通常有公用电话网、数字数据网以及有线电视电缆网等。其中，数字数据网（DDN）利用数字信道传输数字信号，与传统的模拟信道相比，具有传输质量高、速度快、带宽利用率高等优点。无线的通信信道通常有电信部门提供的公用无线网络，有 GSM（全球移动通信系统）、GPRS（通用无线分组业务）、CDMA（码分多址系统）、SMS（短信业务）等无线传输系统。利用无线信道传输信息的系统，能够满足人们不受时空的限制，随时随地的获得信息的需要；而有线信道通常比无线信道传输数据要快得多，质量也高。有线信道和无线信道相比，其各有优缺点，在系统的建设进行具体设计应用时，应该根据它们的属性特点、应用的需要等综合因素进行选择。

（二）档案馆安全监控系统设计原则

档案馆安全监控系统在进行系统构成以及软件设计时，一般应遵循以下原则：

1. 可行性和适应性

档案馆安全监控系统的设计应根据档案部门的特点进行规划，并且要考虑监控系统本身在实施具体监控功能方面的具体特点，在系统的组建或系统实施规划过程中要充分利用计算机网络的现有技术，进行优化系统设计，为档案安全的各个方面提供最大的益处。

2. 实用性和经济性

档案馆安全监控系统的建设应始终贯彻面向应用、注重实效的方针，坚持实用、经济的原则，对于华而不实和功能重复的部分应大胆摒弃。同时，在提供的方案中，用户应选取性价比最高的方案。综合档案部门和监控系统的诸多因素，应选取最优的解决方案。

3. 先进性和成熟性

现代信息技术的发展，是现代科学技术发展中最活跃的领域，每个新技术的出现都对我们工作方式产生极大的影响，对我们工作效率的提高起到极大的推动作用。鉴于此，档案馆安全监控系统设计要既采用先进的概念、技术和方法，也要注意结构和设备的相对成熟，同时这种先进性和成熟性又要充分与中国国情和档案部门系统的工作特点相适应，使得档案馆安全监控系统在设计上不但具有先进水平，而且使系统具有强大的拓展潜力。所以，在投资费用许可的情况下，应当充分利用现代最新技术、最可靠的成果，以使安全监控系统在尽可能长的时间内与社会发展相适应，从长期的观点看，这也是最节省经费的。

4. 开放性和标准化

为了满足档案馆安全监控系统所选用的技术和设备的协同运行能力和长期维护的需要，以及系统功能不断扩展的要求，在进行设计开发时必须注重系统的开放性和标准性，这种开放性和标准性主要体现在系统和容量的扩展能力以及联网能力的支持上。

5. 可靠性和稳定性

鉴于档案馆安全监控系统在档案部门利用的可靠性与稳定性的需求，组建时必须考虑采用成熟的技术与产品，在设备选型和系统的设计方面都应尽量减少故障的发生，诸如安全监控录像系统中某些设备存在的"死机"和"漏录"等问题。对于监控系统的设计，在系统的设计过程中，要从系统结构上解决系统的不稳定性，增强系统长时间工作时的自动判断故障和故障自恢复功能。

在考虑技术先进性和开发性的同时，还应从技术措施、设备性能、系统管理、厂商技术支持及维修能力等方面着手，确保系统运行的可靠性和稳定性，达到最大的平均无故障时间。在安全监控系统中数字图像监控、控制等数据的传输技术是系统的核心技术。因此，设备的可靠性和稳定性都是极为重要的。

6. 安全性和保密性

随着科学技术的高速发展和社会进步，各种违法犯罪的手段不断翻新以及各种各样的意外事件常常出乎意料。出于对档案馆安全监控系统的安全考虑，应当予以足够重视，必须采取有效措施，避免系统安全受到损害，包括系统内部和外部的安全。

诸如监控中采用数字录像技术手段改进系统的性能、加强安全等实例。对于安全监控系统的设计，其中部分将采用数字监控录像技术，而包含此种技术的数字监控录像系统是近几年发展起来的新型监控系统之一，其具有功能齐全、操作方便的特点。随着实践应用中的不断改进，在安全性能方面显示出越来越显著的优势。

原有的模拟录像无法对有效图像和无效图像进行甄别，而全实时录像在管理和使用中浪费大量人力、物力资源，尤其数据积累得多时，在大量的录像带中查阅和保存有效的资料不但烦琐，而且容易出现意外情况，而由先进的计算机技术和监控技术结合产生的数字录像监控技术则弥补了这种缺陷。数字监控录像可以在监控画面发生变动或发生报警时（在进行系统联动的情况下），对事发前后用户设定时间段的图像作为事件记录，也可以对经常有人出入或经过等重点部位进行全实时的监控，甚至可以在多路复用数字硬盘录像机中，分别对其中的部分图像进行报警监控而对其他图像进行全实时监控，大大增强了系统设置的灵活性；其先进的检索技术使得用户在极短的时间内找到所需的资料成为可能；在尽量同时监控所有监控点的前提下，大大地减少了设备数量，并且避免了原有模拟系统的多路同时监控时，因为分时监控产生画面跳跃而可能遗漏数据的情况，这种特性极大地提高了整个系统的安全性。

由于涉及档案安全防范的系统数据介入计算机网络，因此从近期和长远两方面考虑，都应注意信息的保护和隔离等安全措施，以及不同用户使用权限的划分。

7. 可扩张性和易用性

档案馆安全监控系统若要考虑今后发展的需要，必须具有在系统产品系列、容量与处理能力等方面的扩充与替换的可能，这种扩充不仅充分保护了原有投资，而且具有较高的综合性价比。

安全监控系统必须充分考虑，以最简便的方法、最低的投资，实现系统长期的使用、管理和扩充的方便性，特别是系统的扩展应简便易行。根据档案部门的特点规模，监控系统在设计时不仅须考虑具备优秀的品质，并且可以在不改变或少量改变现有档案设备的基础上，通过结构扩充达到管理更多的视频、报警等信息的输入、控制、输出、记录和同其他档案系统的联动等更广泛的应用扩展，还可以考虑通过互联网、PSTN、DDN、ISDN、ADSL、卫星、微波等现代化的通信技术达到快速便捷的远程管理。

8. 可维护性

可维护性是衡量当今应用系统成功与否的重要因素。这里的可维护性包含两层含义：

（1）易于故障的排除：基于流行的方案设计，安全监控系统最好采用模块化设计的方法，各子系统均为独立的功能模块，无论主系统或子系统出现故障，对整个系统都不会产生大的影响，可在不影响使用的情况下进行维修、维护，而模块化的设计也使故障的排除大大简化了。

（2）日常管理操作简便：档案馆安全监控系统应该可以方便地设定和操作，软件设置的界面要交互友好，功能强大的同时尽量操作简单，使档案工作人员尽快掌握其使用方法。

9. 防护措施

在防护措施方面，系统应该具有设备自检，故障日志记录及系统自动启动恢复等功能；在运行状态方面，应该可以实时地监控控制监测点的运行状况，若有异常能够产生相应的设备报警。系统若是实行远程监控，在发生故障时，系统应该具备能够远程重启，以及故障远程恢复功能，也可以在软件管理方面设置软件"看门狗"，并且在软件中可以增加实现自动检测主程序运行、软件系统远程升级等功能。

（三）档案馆安全监控系统规划与设计

安全监控系统的规划设计是依据一套系统的技术方法，对所构建的档案馆安全监控系统的目标、业务功能、技术规范、性能要求等方面进行周密、细致的规划设计。

1. 系统设计要求

（1）整个档案馆安全监控系统须做到系统的可行性和适应性、实用性和经济性、可靠性和稳定性、安全性和保密性、可扩展性和易应用性。

（2）系统须严格按照有关标准及安全防范系统的基本要求进行设计。

（3）采用安全可靠、先进、实用、经济、可扩展、可升级的原则设计。

（4）中心系统可按照全数字化、高集成化原则设计。

（5）根据现场条件，对器材的防雷、防雨也应做些考虑。总体设计和各分系统设计及器材设备的选型，应符合国家的有关规定，做到最大限度地减少盲区，在现场各种恶劣环境条件下稳定工作，操作维修灵活方便。

（6）在施工方面，应本着急用先上，分期实施的原则，保证整个工程的顺利进行。对管线施工提前安排，对关键部位的设备要做到隐蔽安装，对各分系统设备的安装调试，尽量做到集中精力一次安装调试完工，尽力节省开支，提高系统产品的性能价格比。

2. 系统建设步骤

系统规划设计的步骤可分为档案用户系统的需求分析、系统总体设计、详细设计、系统工程实施、系统测试运行、系统试运行、阶段验收和最终验收等阶段。

（1）需求分析，是在部门机构的战略分析和现状的评估基础上，按照部门的业务运作模式，制定部门适应未来发展的安全战略，指出安全建设的需求。在档案部门或档案机构，需求分析的任务是要了解档案用户的具体要求，对档案用户目前情况做详细的调研。通过需求调查对拟建设的档案馆安全监控系统提出各种要求，包括对现有条件、问题、解决办法的分析，最后提出系统的概要设想。

（2）系统总体设计，是在需求分析的基础上，通过计算成本、分析新系统建成后所带来的各种功用，以及对多种方案的评价和比较，进行系统软硬件开发总体设计。在此阶段是要明确和提出安全监控系统工程建设的总目标，所规划的方案既要满足目前需要，又要具有扩展性，以适应发展的要求。

（3）详细设计，包括对系统数据、文件、计算机接入网络、通信、线路等具体内容的详细规划和实施方案的设计。

（4）系统工程实施，包括监控中心环境、电源环境和布线工程设计等实施内容。

（5）系统测试运行，包括测试阶段和试运行阶段，测试是看各种软件、硬件设备的配置是否合理，功能服务是否能够如预期的实现，安全性及可靠性是否符合标准要求等。

（6）系统验收，对于系统的验收工作，要分阶段、分步骤地对系统进行验收；对系统的性能、试运行情况要按照要求进行审核，并且要督促落实保修责任，一旦出现问题，可以迅速得到解决。

3. 系统结构设计

根据档案及档案管理部门对安全监控控制系统的功能要求，系统的运行结构可以考虑采用基于B/S结构、C/S结构或者两者相结合的方式，架构网络型集中管理监控的系统，以满足档案用户需求的档案网络数字图像安全监控系统。

基于档案馆网络的数字图像安全监控系统应具有对不同设备进行设置的功能，能够实现对下属所有子站或子设备进行全方位的监视、监听和控制。如果规模比较大，可以考虑分为档案部门的子站监控子系统和档案部门通信控制子系统两部分来分别实现。

档案安全监控通信系统由硬件和软件两部分组成。硬件主要以本地和远程的终端设备以及硬件系统为主，软件系统需要能够实现通信、控制、管理等方面的功能，系统的运行采用软、硬件结合的方式进行工作。

（1）硬件部分

硬件部分包括系统所需的监控设备、被控设备、计算机硬件等主要设备，其他的硬件部分可以采用监控部分、通信控制部分以及所需的相关接口电路部分再配以部分硬件的应用程序组成系统硬件。

系统硬件接口方面的编程主要实现以下的功能：①实现硬件系统与终端设备的实时通信；②即时反馈终端设备的在线运行状态；③实现对设备的在线通信控制；④实现系统硬件与桌面应用系统的通信；⑤在桌面的应用系统中实现对设备的在线控制；⑥硬件的集中控制管理。

（2）软件部分

在系统的日常工作中，软件承载着各种管理以及各种对硬件功能的支持，它在系统的运行中起着非常重要的作用。

用户终端使用的应用软件系统主要实现以下功能：①友好的人机交互界面；②与系统设备的通信；③对终端设备的控制；④即时反映设备的运行状态；⑤实现设备的远程控制；⑥系统的管理；⑦优先权限设置、密码访问功能；⑧系统的远程管理；⑨数据管理。

4.系统设计应考虑的基本因素

在进行系统总体规划与设计时，一般考虑以下一些因素：

（1）系统的构建成本。系统构建成本的一个最关键的原则就是，以尽量少的费用来实现系统的最大功能。系统的成本包括三个方面：一是购买设备的成本，包括硬件、软件以及辅助设备；二是系统的开发安装、人员的培训等应用成本；三是运行成本，指系统在整个存在周期所产生的成本。在三个方面的成本中，首先，一般档案用户比较看重前一种，但实际上应该综合考虑。其次，系统所要实现的性能，应该是档案用户的首选。

（2）系统介质访问方式的选择。由于不同的结构、设备之间以及网络的连接方式不同，对于系统的性能有很大的影响，对于系统介质的访问方式有不同的选择，也就决定了每种连接必须遵守的相应的规则，从而对系统的性能也产生不同的影响。

（3）传输介质和带宽的选择。传输介质是通信发送方和接受方之间的物理通路。系统的线缆连接材质、接口、方法要根据不同的设备和网络的特点加以考虑，如性能、使用规定、可扩展性等。

（4）系统软件的选择。系统的软件通常包括三个方面：设备支持软件、系统通信管理应用软件、根据自身特点开发的功能模块软件。档案馆用户可以根据自己实际需求和特点选择或者开发适合本单位使用的应用软件系统。

（四）档案馆安全监控系统实施过程

档案馆安全监控系统的实施过程包括硬件实施、软件实施、集成调试、试运行和操作培训、交付使用等过程。

1. 系统硬件购买与安装

（1）系统硬件在实现所需功能方面的配置方案，可行性研究。

（2）系统硬件的选型与采购。

（3）系统硬件与控制设备终端的接口控制电路的设计、制作。

（4）系统硬件的安装。

（5）系统硬件的调试。

2. 系统软件的购买与安装

（1）系统软件方案设计，确定需要购买或需要开发的软件方案，包括系统远程访问控制、管理以及与前置机的通信程序，前置机（本地）的资源管理控制以及与硬件的通信程序以及附加其他的系统与前置机以及终端设备的通信、管理的程序等。

（2）系统软件的选型与采购。

（3）系统软件的安装。

（4）软件系统调试。

3. 系统测试和用户培训

（1）软件的测试、硬件的测试。

（2）系统的软硬件集成调试、测试、现场调试。

（3）系统试运行。

（4）用户测试。

（5）用户培训。

4. 系统交付使用

系统测试完成后，系统将交付档案馆工作人员，进入正常运行阶段。

第二节　全网安全管理

一、网络安全风险

网络安全风险来自多方面，有网络、硬件设备、操作系统和应用软件自身局限性而存在的安全漏洞，有管理、人为方面的漏洞，也有来自黑客及其他外来的侵入。

（一）网络安全威胁

网络安全威胁是指对某个组织或者某个人所拥有的网络或者联网的计算机设备以及其中的信息数据进行损害的行为，通常有被动威胁和主动威胁两种。被动威胁只是读取系统中的信息，而不改变系统中的数据，它留下的可供追踪的痕迹很少，一般很难被发现，但是可以通过预防来阻止这样的威胁。主动的威胁则常常有意的破坏消息服务、修改信息流或者伪造生成一些新的数据，这样的威胁通常比被动威胁要严重，它的严重程度与威胁所造成的危害程度有关，要解除这样的威胁需要通过迅速检测和恢复因入侵而导致的系统故障。

网络受到的破坏和攻击源自多个层面，可能来自对物理传输线路的攻击，也可能是对网络通信协议和实现实施的攻击；可能是对支持网络运行的软件实施攻击，也可能是对硬件实施攻击。目前，网络安全的主要威胁表现为：

1. 非法访问

没有预先经过网络管理员的同意，就非法使用网络、计算机等硬件资源。它主要有两种：一是以假冒身份避开预先设置的网络访问控制，非法进入网络系统进行违法操作；二是网络上合法用户擅自扩大操作权限，越权访问网络资源等。

2. 信息泄露或丢失

网上敏感数据在有意或无意中被泄露出去或丢失，主要有两种方式：一是信息在传输过程中丢失或泄露，如"黑客"利用电磁泄露或搭线窃听等方式截获机密信息，或通过对信息流向、流量、通信频度和长度等参数的分析，推算出用户口令、账号等重要信息；二是信息在网络上存储介质中丢失或泄露，通过建立隐蔽隧道等手段窃取敏感信息从而导致信息的不安全。

3. 破坏数据完整性

以非法手段窃得对数据的使用权，删除、修改、插入或重发某些重要信息，以取得有益于攻击者的响应；或者恶意添加、修改数据，以干扰用户的正常使用。

4. 利用网络传播病毒和恶意代码

通过网络传播计算机病毒，其破坏性大大高于单机系统，特别是随着病毒变种的多样性，很难防范和彻底排除，而对于各种恶意代码，计算机或网络一旦感染，则系统的安全问题将很难得到保证。

5. 拒绝服务攻击

病毒通过不断地对网络服务系统进行干扰，改变其正常的作业流程，执行无关程序使系统响应速度减慢甚至瘫痪，影响正常用户的使用，使提供者提供的服务不能正常工作，甚至使合法用户被排斥而不能进入计算机网络系统。

拒绝服务攻击的对象很普遍，有各种应用服务器，也有一些如交换机、路由器、网关之类的网络设备，它攻击的方法主要是消耗用户的资源，包括网络带宽、内存、CPU的处理能力等，常见的有流量攻击、连接攻击、拦截攻击、重定向攻击等攻击手段，如Ping Flooding、Database Connection Flooding 等，还有 DOS（Denial of Service，拒绝服务）和 D DOS（Distributed Denial of Service，分布式拒绝服务）之类的使用开放的端口，利用流入的数据进行的攻击是大型网站和网络服务器的安全威胁。

6. 网络滥用

除了网络应用的外部安全因素以外，网络内部因管理不当或措施不到位也存在着一定的安全问题，如未经批准的提供代理服务、不加限制的准许用户上网、擅自接入不安全的网络等，都有可能导致各种安全问题。

（二）网络安全漏洞

任何系统和应用软件都不可能做到完全没有漏洞，这是由现实的技术和实现手段的局限等因素造成的。因此，使用网络开展工作的档案人员应对网络安全漏洞有所了解，并不断地采取一些安全措施来避免或修补漏洞，防患于未然，以利于网络的安全和高效的运行。

网络中系统的漏洞是危害网络安全的一个主要因素，病毒的肆虐以及黑客的攻击常常都是利用系统的安全漏洞来进行的。现在，特别是一些软件系统存在的各种漏洞，是安全方面的主要隐患。许多系统存在着各种各样的安全漏洞，其中有些是操作系统本身的；也有一部分是应用软件在设计时所存在的一些设计缺陷；还有就是程序在设计时，预留的程序测试和维护的接口，由于疏忽或者一些其他原因没有清除，这样在运行的时候，就有可能被黑客发现并加以利用。在这些漏洞的补丁还未被开发出来之前，一般很难防御病毒或者黑客的侵犯。因此，这些原因是当前安全防范的主要方面。

1. 漏洞产生的危害表现

（1）对网络系统的非授权访问

有些网络系统是不允许其他用户来访问的，必须以一定的手段来得到访问权限，如公司、组织的内部网络等。如果本身缺乏控制机制或者存在不利用身份验证、缓冲区溢出等一些漏洞，那么别人就可以加以利用，这样就可能产生一些不必要的损失。

（2）窃取数据信息

对于被入侵的站点往往有许多重要的信息与数据，如用户的账户、企业的客户、银行的账户等。入侵者的目的就是要窃取这些对他有用的信息，通过入侵来获得别人的信息资源，如电子邮件、信用卡信息、商业机密等。

（3）占用系统资源

在网络中，攻击者为了不暴露自己的真实身份和所在地点，常常占用一个中间的站点，来实现对目标计算机的攻击，如果被发现了，也只能发现中间的站点，而不能发现真正的攻击者。比如，某台计算机具有访问某个网络的权限，则攻击者常常占用具有权限的计算机资源来达到去访问目标地的目的，这样的危害不但占用了网络中的其他资源，而且还有可能将行为转嫁的危害，甚至还有其他的潜在威胁。

（4）获取超级管理员权限

当非法者一旦拥有超级管理员的权限，他便可以做任何事情，他可以隐藏自己的身份行踪，也可以在系统中留下后门，或者可以修改系统的资源配置，为自己牟取非法的利益。在一个局域网中，如果掌握了一台主机的超级管理员权限，就有可能掌握整个局域网的运行。

（5）截取文件和传输中的数据

非法用户常通过登录目标主机或者采用网络监听程序进行监听等方式来获得重要的数据。对于目标系统中所有的数据往往是比较重要的数据，一般最直接的方法是登录或连接到目标主机，这样可以获得较多的目标主机权限，可以直接读取或复制所在主机上的重要文件数据。另外，采取监听的方式，当监听到含有重要的信息数据时，非法者便可以登录访问某些受限的资源。

（6）篡改数据信息

信息的篡改包括对重要文件的修改、更换、删除操作，被更换的数据信息，造成不真实或错误的信息往往会给用户造成很大的损失，它是一种比较恶劣且危害比较大的行为。

（7）超越权限的操作

不同的用户常常对系统有不同的访问权限，受限的用户不允许访问某些超越身份的权限资源。一个普通的账户不能访问超级用户的权限资源，这样普通的用户便有很多的操作无法去做，于是许多用户为了得到更大的权限，常常有意或无意地去尝试获得超出允许的一些权限，或者利用系统的一些设置漏洞，以及去寻找一些工具来突破系统的安全防线等手法来实现超越权限的操作。

（8）网络传输拥塞

这种方式是以占据网络的带宽以及延缓网络的传输为手段以造成系统服务的停止。攻击者向目标计算机发送大量的无意义的请求，致使它因无法处理所有的请求而崩溃；或者制造网络风暴，让网络中充斥大量的信息包，阻塞了有用的信息数据的传输。除了以上漏洞产生的危害表现外，还有形形色色的病毒对安全漏洞的入侵，造成对网络系统的更大危害，它们利用软件的漏洞以及整合了病毒、黑客的技术进行自动攻击，不需要人工的干预,其传播速度极快、破坏性很强,甚至能够自动发现并感染和攻击,造成的危害广泛而又严重。现在,由于网络的互联,Internet 已经成为一个庞大的、覆盖全球的错综复杂的网络,入侵和攻击可能会来自世界的任何一个角落。所以,对于网络的安全漏洞当务之急是要加强研究,避免更大的危害,以保证网络信息系统的安全。

2. 网络系统管理中普遍存在的问题

(1) 网络中基于 IP 地址的授权机制,或基于明文口令机制,不能完全保证网络系统的可靠性。

(2) TCP/IP 协议中只对数据包使用了简单的校验机制,对数据没有校验,不能确保信息的完整性。

(3) 网络上的数据以明文方式传送,没有加密机制,缺乏信息的保密性措施,而加密后进行传输又会增加更多的投资和网络负担。

(4) 基于 IP 地址或明文口令的访问控制,很难实现对网络资源及信息的可控性,而口令加密又会增加管理上的负担。

(5) 缺乏审计、监控、分析、防抵赖,以及主动防范等安全机制,不能保障信息安全的可审查性。

(6) 网络上存储的大量数据,没有采取加密措施,一旦丢失就会完全暴露,必然会造成很大的损失。

(7) 网络管理员很难在网络设置的复杂性与管理的方便性之间、在网络运行效率与数据加密之间选择一种最佳的解决方案。

(8) 任何一种技术、一个设备或一个产品很难完全解决网络中存在的所有安全问题。网络产品的集成化应用给管理员增加了高难度,而往往各机构对管理员职位不够重视,不会在管理员的职位上投资更多,主要注重现行业务的发展。

(9) 技术在不断发展,网络设备和安全产品也在不断完善和更新,学习的速度很难跟上更新的速度。

(10) 真正了解和掌握全面的安全技术、安全产品和安全管理的网络管理员为数很少。

二、全网安全的目标

计算机网络安全涉及计算机硬件的安全和计算机软件的安全。硬件的安全主要指设备的损毁和来自外部的破坏,实现硬件的安全需要加强硬件方面的管理,以及使用保障硬件安全的一些手段或预防措施来加强安防;软件的安全主要指权限密码、文件、账户、程序等方面的安全，实现软件方面的安全需要采取软件加密、文件许可及其权限特性安排等手段来加强安全。计算机网络安全的目标就是要实现系统的安全和通信的安全，它包含信息保密、信息完整、信息可用、信息可控以及系统和信息的可审查五个安全方面的内容，只有这些方面得到了比较完善的解决方案，计算机网络才能真正地走向安全。

（一）硬件设施的安全管理

网络中的硬件设施主要包括计算机、服务器、交换机、路由器、存储系统等硬件设备，为了保证硬件设备的安全，防止人为的破坏、自然灾害以及可能会遭受的不必要的泄露等损害，需要采取一定的安全措施，如建立比较完善的安全管理制度、创造一个良好的防电磁工作环境以及进行权限的管理、身份的认证等措施。

计算机网络硬件设施需要注意放置地点、工作环境以及供电电源几个方面的要求。硬件应该放置在安全稳固、防盗以及不易受外力损毁的地方，应放置在能够保持所需的适宜温湿度的范围内，并且具有防护电磁泄漏措施的环境。在电源供电方面，需要选用UPS（不间断电源）来保护有关的设备和数据，当然所有设备的接地也应保持良好。

（二）对文件数据的存取控制，保证系统及信息数据的完整

信息数据的安全涉及传输、存储以及合理利用。为了保证数据的原始性，防止数据的非法修改和删除等不安全因素，保证系统以及信息数据的完整，通常采用建立备份恢复的手段来保证数据的安全性，一旦数据遭到破坏，可以得到及时的恢复，而对于安全性要求较高的用户，除了建立数据的备份机制外，在文件数据的存取控制上，还加强了角色权限管理控制以及根据数据的安全程度，还常采用加密的手段来提高数据的安全性，一般采取以下几种加密的情况：

1. 信息数据或数据文件的加密以及数据在数据库中进行加密。
2. 在网络服务器和数据库之间进行加密。
3. 使用内建或第三方的加密软件加密。
4. 使用加密设备进行加密。

（三）系统使用权限的控制

系统使用权限的控制是对所有使用系统的用户根据相应的职责赋予一定的权限，防止对系统产生一些非法操作而采取的一种安全保护措施。系统限制用户只能操作与其身份相关的功能，而与其身份不相关的功能则不允许操作；系统根据用户的权限对内部的资源进行了划分，可以限制非法用户越权操作、访问、攻击等不安全因素，以保证系统的安全。一般的系统根据访问权限可以将用户分为以下几类：

1. 系统管理员，即超级用户，具有管理系统的最大权限。

2. 部门管理员，部门负责人员对系统所拥有的权限，可以管理控制低级用户。

3. 一般用户，基本的、不具有特殊权限的系统用户。

4. 临时用户，临时的、短时间的系统利用人员。

（四）多层次多方面的安全考虑

计算机网络技术的发展，使得信息的获取、传播、处理和利用更加高效快捷，而网络随之带来的现实的和潜在的威胁，也带来了诸多的不安全因素。计算机网络因为具有互联性、开放性以及连接架构多样化等特点，使其易受黑客、病毒软件等非法的攻击。网络上一些自然的因素、人为的因素也对网络安全造成了一定的威胁。所以，网络上的重要信息的安全和保密是一个非常值得注意的问题，必须采取足够的安全措施，要从多层次多方面的安全角度考虑，全方位地针对系统的各种薄弱环节加以控制，以确保网络系统信息的保密性、完整性以及可用性。

（五）系统数据备份与灾难恢复

人为的失误，软件、硬件的故障以及系统的不稳定性、病毒等不安全因素常使系统发生一些意料之外的事情，甚至出现重要的信息资料的丢失，这样的状况时常在威胁着宝贵信息数据的安全，为了保护重要的信息数据，采用备份来保证信息数据存储的安全是一个非常重要并且很有效的手段，也是系统恢复的前提。现在，一个具有容错功能的备份系统能够及时地检测、发现错误或故障，并能够及时地采取补救措施，保护文件数据，恢复和维持系统的运行。这样的系统常有故障检测、故障隔离、运行恢复和动态冗余切换等功能，能够提供系统备份的迅速、安全的恢复。目前，许多有实力的用户常采用磁带、磁盘阵列备份，在备份方式上，通常采用以下三种方式：

1. 完全备份：每隔一段时间就对系统做一次全面、完整的备份，备份所有的系统数据。

2. 增量备份：在完全备份的基础上，每隔一段时间就备份这一时间段所更改的数据。

3. 更新备份：在完全备份的基础上，每隔一段时间备份变更部分的数据。

备份在保护系统的重要信息资料中占有很重要的地位，可是当系统出现灾难性故障时，如何迅速恢复系统的数据？这就要求系统能够做灾难性恢复备份，恢复系统的重要信息。灾难性恢复备份与一般备份有所不同，灾难性恢复备份系统有一种简化的恢复功能，它能够自动地备份系统的重要信息。一般情况下，灾难恢复包括系统的恢复、数据的恢复以及数据库信息的恢复三个部分。

三、全网安全的防范措施

（一）架构防火墙

利用防火墙技术，能够完成对网络信息数据的过滤任务，而且它能够针对各种网络应用提供相应的安全服务，一般情况下，它能够在内部和外部网络之间提供安全的网络保护，降低局域网内部的网络安全风险。

（二）采用防水墙

内网信息安全的潜在威胁主要来源于工作人员的安全意识不到位，管理制度不健全，内部敏感信息的技术管理有漏洞（包括从网络、外设端口、移动存储介质及打印等途径泄露），非法外联以及非法接入等。因此，为防止由于内部管理漏洞而引发的安全事件，对于内部网络的管理应采用防水墙技术，做到安全管理防外又防内。

区别于防火墙、入侵检测、内外网隔离，以及其他针对外部网络的访问控制系统，防水墙系统是解决内部网络安全的最新产品，保障局域网内部的档案数据和信息不被泄露，这是安全管理中加强内部管理的有效措施之一。

（三）采用网络隔离

因为诸多的网络存在不安全因素，使得保密文件的存储、传输在网络上常遭遇尴尬，目前网络隔离技术解决了网络中存在的一些基本的安全问题，使得重要的保密数据可以采用网络隔离技术措施来加强保密文件的安全。

采用网络隔离技术可以解决诸多的安全问题，如操作系统的漏洞、网络应用协议的漏洞、链路连接的漏洞、安全策略的漏洞等，它解决了在保证安全的前提下，可以进行互联互通。它并不通过内、外网络的直接数据交换，而是通过一个中间设备来进行数据的交换，并且在同一时刻内网和外网是互不联通的。目前，解决内、外网之间的数据交换问题，可以采用一种"网闸"的硬件设备，它可以有效地防止网络信息的泄露、网络黑客的攻击。另外，它还可以进行身份认证，以强化用户的身份确认，还具有强调审计和取证的功能。

（四）用户的账户和数据保护

系统的用户账户可以采取一些对密码的保护措施来避免用户的账户由于密码被破解而被盗用，通常可以采用一些诸如提高密码的破解难度、限制用户登录、限制外部连接、启用账户锁定、限制特权组成员、防范网络嗅探等措施来加强用户的账户保护。另外，在网络通信时，可以对网络通信数据进行加密，以防止网络被侦听和劫持，对于绝密的文件更要采取有效的加密技术，来保证数据信息或数据通信的安全和可靠。

（五）采用漏洞扫描工具

对于网络系统的安全漏洞可以使用一些常用的漏洞扫描工具，采取一定的修补漏洞措施，以避免进一步的危害。由于有些非法者也是使用扫描工具来发现漏洞，所以，采用漏洞扫描发现漏洞，可以有针对性地采取一定的防范措施。

（六）使用入侵检测系统

通常系统在被入侵以后，会留下一些迹象和痕迹，通过一些检测手段，就可以及时发现非法入侵，这样可以采取相应的安全防范措施，避免危害带来损失。常用检测手段有查看日志、查看共享、查看进程、检查打开的端口。

人为的系统检测受到技术能力和工具的制约，难以适应网络技术的发展。目前，已有检测系统的产品能够提供有效的系统检测并采取相应的保护。比如，入侵检测系统的产品就有基于网络的入侵检测系统和基于主机的入侵检测系统两种。在检测入侵的时候，就可以利用这样的系统产品。

（七）系统的安全监控

由于系统的升级更新以及软件的复杂性，新的安全漏洞总是在不断出现，除了对安全漏洞进行必要的修补外，还可以实时监视系统的运行状态，以便及时发现漏洞，阻止入侵。常用的手段有启用系统审核机制、监视日志、监视开放的端口和连接、监视共享、监视进程和系统信息。

（八）尽量避免脚本程序设计漏洞

对脚本程序多做一些测试，尽量避免疏忽和经验不足而带来设计上的漏洞。对于用户所提交的数据要进行检查和过滤，对于存放账户的文件或数据库要注意采用一些安全方面的保护措施，避免被非法破解和利用。

（九）采用备份和镜像技术

对于网络系统所存在的安全风险，可以采用备份和镜像技术来提高系统中数据信息的完整。系统中的数据信息有了一个拷贝或备份保存在一个安全的地方，即使因某种原因失去原件，则使用备份可以进行恢复，由此提高了系统的可靠性和完整性，也为重要的数据信息提供安全保障。而采用镜像技术是因为两个系统执行完全相同的工作，如果其中一个出现故障，则另一个系统仍可以继续工作，它可以有效地避免由于某一系统中某一硬件的故障而导致数据信息的损失和工作的中断。

（十）加强物理设备安全

保证网络物理设备的安全也是提高网络安全措施的一个重要保证，对于存放网络物理设备的放置点，如机房、重要的办公终端房、监控中心等，平时要加强监管，并采取一些必要的安全管理措施，以免非法闯入、损毁等原因造成网络物理设备的不安全，以保证网络物理设备的正常安全运转。

四、安全保障的基本原则

为了保障网络的安全，不断学习，强化安全意识，提高防御能力，在慎重决策的基础上建设安全系统，强化安全管理，是保障档案馆全网安全的基本原则。

1. 全网安全原则。建立包括网络、设备、系统、应用软件、机构、组织和个人在内的一体化安全保障体系，确保全网内所有使用者和被使用的IT资源的整体安全。

2. 简化管理原则。简单原则是使问题简单化，简单化可以使它们更易于理解和使用。而一个大的复杂的系统，由于不能一时完全理解和掌握它，在应用设置它时，可能会为某些事务提供隐匿的不安全的处理，那么它的任何小的疏漏都有可能成为安全问题，对于这方面，系统在简单的原则下对于安全性则更容易保证。

3. 需求驱动原则。在需求的基础上，立足政务办公的业务要求，进行全面分析，制定针对性的解决方案。

4. 主动防范原则。主动捕获各种不安全因素，做到未雨绸缪，防患于未然。

5. 管理至上、安全第一原则。先进的技术固然能够起到保障的作用，但是不科学的管理将会导致所有投入的浪费和所有技术的失效。对于安全管理的实施不能因为行政管理手段的干预而改变方向，而应遵循安全的自身规律。

6. 单一通道原则。设置一个单一的通道，如果进入一个网络必须通过一个单一的通道，而在这个通道上用户可以设置监控，那么当有入侵者侵入的时候，用户就可以及时地发现并做出响应。比如，一个带有防火墙的系统接入Internet网络，在没有其他连接的情况下，则系统与Internet网络相连接之间的防火墙就是一个单一的通道。那么，为什么多种通道不是比较好的选择呢？因为多种通道工作时，有可能出现多种不同的侵袭，那么在防御工作中就增加了难度，也不利于专心解决一种问题。

7. 最小权限原则。为了尽量减小因侵袭所造成相关的损失，可以设置最小权限原则。在网络上，每个用户都有自己的权限。但是，这些权限之中的部分权限并不一定需要使用，根据实际情况，就可以只赋予该用户完成相应任务的权限。比如，具有修改权限的用户，每个用户都具有修改文件的权限，但是，他们并不一定每个人都需要修改系统上的每一个文件，那么就可以分别对待，细分地赋予相应的权限。

8. 多层次、多样化安全原则。对于重要的网络用户来讲，单层次的安全防护总不如建立多层次的安全防护来得有保障，单一的防护不如多样化的防护安全性高，因为一个层次的防护若被冲破，则还有其他的层次作为后备，加强了安全性。同样，若用户所使用的防御系统单一相同，那么只需破解一个系统则其他的系统便可以轻而易举地被入侵，所以在网络系统中，若用户通过建立多层次的、多样化的安全机制，使用多个不同类型的系统和多种支持，考虑多样化的防御策略，如人员的安全、设备的安全、网络的安全等方面。这样，在这些安全的防护方面，所使用的复合系统可以大大的增加安全性，而对于网络系统的安全防护也会提升到更好的效果。

9. 同步安全原则。同步安全是指要确保网络上各种安全设备的同步防护能力，并且确保各种安全措施和安全策略同步作用，避免片面注重某一方面，而疏漏另一方面，造成系统安全的隐患。

10. 均衡薄弱、措施到位原则。一个系统的安全程度往往取决于它的薄弱环节的安全程度，对于无法消除的缺陷要进行仔细监测，对于发现的系统漏洞、弱点，要及时采取措施修补和加强。在管理上，对于发现的问题，要制定安全的管理制度，并落实到系统运行的各个环节。另外，用户对于系统认识上的强弱，也要注意保持均衡。

11. 动态跟踪、失效保护原则。动态跟踪是指网络系统安全是一个动态的、变化的过程，需要及时跟踪系统的运行状况和先进技术的支持特点，以便进行及时的调整与改进。失效保护是指在系统的安全原则中，通过系统的有效配置，可以设置系统的失效保护，当跟踪监测出系统故障或者运行错误的时候，它可以阻止非法入侵者的访问和侵入，以避免对系统产生进一步的危害，提高系统的安全性，这样的问题虽然有时也会引起合法用户的无法使用，但是问题解决后，也就正常了。

12. 统一思想、共同参与原则。为了有效地保障网络系统的安全，和大多数安全保护系统一样，网络系统也要求站点人员能够在统一认识的基础上，共同参与系统的安全保护。除了系统的安全建设要求管理部门有必要对站点的人员加强培训、统一思想，提高其参与信息系统建设的安全意识外，还要求站点人员能够不断学习、加深认识、共同参与系统的安全保护，尽量减少甚至杜绝由于人为因素而引发的安全故障。

五、安全保障的总体策略

各级各类档案馆实施全网的安全保障措施必须贯穿于系统运行的各个过程中，同时也要纳入相关单位（如省市级档案馆纳入电子政务，高校档案馆纳入电子校务）的全局来做整体的、全方位的设计与部署。在档案信息化系统运行的过程中，应坚持"管理高于技术，预防先于补救，遇到问题应即刻处理"的指导思想，采取"预防—监控—同步安全—应急响应"的安全保障策略，实施各项安全制度，加强科学管理和运行过程中的监督与控制。

（一）科学定位策略

安全是一个相对的概念，需要随着各个时期的变化而采取不同的策略和手段。同样，保障全网安全的技术、手段、策略和制度也是变化的、发展的。因此，需要树立正确的安全观念，档案馆信息化的建设需要从当前的实际业务需求和未来发展需要出发，正确定位安全与应用、当前与发展的关系，采取适时、有效的安全解决方案和可行措施来保障档案馆网络及应用系统的安全运行。

（二）预防先于补救的安全策略

出现安全漏洞必须及时处理并恢复系统正常运行，这是网络管理人员的基本职能，也是必须做的事情，如果不发生或者能够减少发生的概率，损失将会逐渐减少。应该说，预防在某种意义上而言更为重要。2004年5月震荡波病毒在很快的时间内感染了全世界上百万台计算机，造成了难以估量的损失，但依然也有很多计算机是安全的，并未感染上这种病毒，这是因为他们在"五一"长假前及时进行了Windows系统的升级，及时做好了预防长假可能带来的世界性病毒的传播的准备。另外，有些被感染了病毒的计算机几乎无法恢复，数据丢失也难以补救。因此，预防优于补救是备用户应遵守的重要的安全管理策略。

（三）防外更要防内的安全策略

根据安全事件分析报告统计，来自本单位内部的安全威胁一点不亚于来自外部的威胁，内部安全威胁达80%以上。因此，在遵守国家信息安全管理总体要求的基础上，一定要制定适合本单位的网络化运行安全管理制度，并以此来约束所有人员的行为，在预防黑客袭击、病毒侵入的同时，更应加强内部管理，防止由于内部人员安全意识淡薄、责任心不强、操作不规范而造成的政务信息泄密、丢失、误删除，甚至造成系统瘫痪、介质数据失效等严重错误。因此，管理人员应牢记防外更要防内的指导思想。

（四）持续发展策略

绝对安全是不存在的，这是因为技术在发展、产品在完善、系统在不断地更新换代，一个时期的安全策略将会随着时间的推移逐渐会显示出一定的局限性，再加上病毒攻击手段的更新、黑客故意的行为、内部人员的流动等因素，以前安全的网络可能就会变得不够安全。因此，需要不断跟踪安全技术、分析本单位安全管理的效果、检查安全策略的完整性与适时性，及时调整和变化安全管理策略，完善管理制度，甚至需要更新安全产品，以保障网络的安全性和可持续发展性。

六、全网安全运行体系

档案馆安全监控系统和档案管理信息系统是架构于网络、计算机和信息技术的互联互通的技术平台上，档案信息资源的安全首先取决网络、计算机及其相关运行平台的自身安全。只有这些电子环境和运行平台的安全得到保障，所有系统才有可能正常运行。因此，建立全网安全的技术保障体系是档案馆网络化安全运行的基本内容。

全网安全是指从网络信任服务、密码支持体系、网络存储设备、计算机操作系统、服务器和工作站、数据库管理系统、软件开发平台及中间件、应用软件及机构内部建立的网站等系统达到同步的安全和一体化管理，保障档案馆信息化系统的整体安全，而其中公共设施、人员是非常重要的因素。正像木桶原理一样，全网的安全性取决于整个网络环境中安全性最薄弱的环节，也就是说，如果由于网络环境中一个人的误操作，或者一台机器留有漏洞，或者一个端口留有后门都有可能造成整个网络的彻底瘫痪。

同步安全要求网络环境中所有人的安全意识都必须加强，要求所有的设施、设备、软件系统都做到尽可能的安全，要求所有计算机上的病毒库及时、同步的升级，要求所有的操作系统及时打上漏洞补丁。

整体安全则要求构成档案自动化系统和管理信息系统的各种认证服务、加密体系、选用的产品和采取的技术手段与管理措施等，都达到同一时期的有效性。而安全的动态性则要求安全技术和产品的使用需要随着时间的推移、环境的变化和安全要求的实际需求而发生变化。网络系统的安全建设是一个不断完善和持续发展的过程。因此，一体化的安全技术解决方案包括技术和产品的更新换代和跟踪维护。

全网安全的另一重要内涵是联动安全，即将保障档案馆网络安全的基础设施（如安全监控设备、安全审计体系、病毒防治体系、数据备份与容灾体系、应急响应体系等）、网络安全防护体系（保护物理层、网络层、系统层、应用层和管理层安全的IDS、防火墙、VPN、身份认证等安全技术和产品）、安全管理标准规范（包括法律法规、技术标准、管理制度和操作规范等）等集成起来协同工作，实现档案馆网络环境中从人到网络及其基础设施、各种软件系统、硬件设备的同步管理和联动安全服务，从而建立由网络、系统、机构、组织和个人共同构筑档案馆安全运行的一体化保障体系。

另外，档案馆全网安全运行不仅仅是技术上的问题，更重要的应是组织和管理的问题。要保障档案馆的公共环境、网络、信息系统和监控系统的有效与安全运行是需要健全的安全管理制度来支撑，需要档案馆全体员工安全意识的加强与提高为基本前提。我国目前也正在逐步建立信息化和信息安全的相关法律、法规体系和执法体系，各级档案管理部门也在不断地完善本地区域内的安全管理体系和安全保障体系，档案工作者也开始逐渐意识到要保障档案现代化管理系统和档案信息的真实、完整和有效，不仅需要依靠包括组织、法律、标准、技术、基础网络环境等在内的社会保障体系，更需要贯彻标准、执行法律、强化管理、加强监督、提高全员的安全意识，只有这样，档案馆及档案的安全才有保障。

技术保障体系呼吁档案信息化的建设与实施、运行与维护要依靠科学技术，利用各种先进的技术手段和最新研制的产品以获得安全支持与保护，这正是科学发展观的基本要求。制度保障体系、组织保障体系和监督执行体系是现代社会对科学管理和规范化应用的总体要求。制度保障体系强调网络安全要纳入行政执法过程，将有利于保障安全的法律、法规、制度和标准规范，作为约束所有社会责任人的行为准则；组织保障体系则为网络安全方案的制定、实施、安全事故的处理以及系统运行与维护的所有工作确定了一个强有力的组织和团队，确保安全方案的落实和问题的解决；监督执行体系则体现了档案信息化应用系统安全运行的行政监管能力，也是保障安全运行走向良性循环的重要手段。因此，遵循科学发展观，开展现代化管理，加强全社会的安全责任意识，是现代档案馆及档案安全运行的根本保障。

第三节　档案数据安全治理策略

一、档案数据安全治理的内涵

数据安全治理的实质就是通过科学有效的决策、合理规范的程序，借助于大数据等信息安全技术，实现数据全过程的安全保管和利用。

档案数据是指各级各类档案机构收集保存的具有档案性质的数据记录，包括各种数据形式的档案资源，以及档案管理与利用过程中产生的数据。档案数据具有来源广泛、结构复杂、形式多样、数量巨大等特点。档案数据是国家经济和社会发展重要的战略性信息资源，蕴藏巨大的价值潜能，在国家治理现代化、政府治理重塑、社会政策优化、公共服务提升等各项工作中发挥着基础信息支撑作用。

档案数据安全治理是指档案部门通过科学管控对档案数据进行安全防护，确保档案数据运行安全、存储安全和利用安全，充分发挥档案数据价值，从而达到档案数据善治的过程。数据安全是档案数据安全治理的"生命线"，档案数据安全治理的目标就是要确保档案数据真实完整、可用可控、保密保全、安全利用。档案数据安全治理贯穿于档案数据收集、管理、存储、利用的全过程，需要坚持自主可控、合法便民、分级分类、全程监控、风险防范等原则，促进档案数据安全风险预测化、管控精准化、防御纵深化、应对即时化。档案数据安全治理通过利用各种安全技术、严密有效的管理制度，保障档案数据安全，形成协同共治、精准治理的档案数据安全治理新架构，构建以档案部门为主导，融合制度、管理、技术于一体的安全保障动态体系。

二、档案数据安全治理的策略

档案数据安全治理不仅涉及档案数据资源的安全保管，也涉及管理人员安全防范能力的提升和社会公众档案数据安全意识的培育，需要构筑档案数据治理策略，建立合理的档案数据安全管理制度，不断完善档案数据安全防范体系。档案数据安全治理策略主要有以下几个方面。

（一）加强档案数据安全法治建设

档案数据法治化是实现档案数据安全的基础和保障。法规标准有助于规范安全治理活动中各主体行为，厘清各方权责利关系，是风险防范的基础。因此，需要加强档案数据安全领域的立法和标准建设，加强宏观治理，建立完备的档案数据安全法规体系，为档案数据安全体系建设提供法律支撑。

加强档案数据标准化建设。档案数据的运行与管理依托一系列严密的信息技术标准作支撑，包括数据生成、存储、读取的格式标准，网络传输协议标准，检索语言标准等。缺少标准，治理将无法有序展开，需要分析档案数据安全标准的构成，建立和完善档案数据标准体系，保障档案数据的互联互通，有效减少因差异性而导致档案数据在流通共享过程中出现的安全问题。档案部门要结合国家相关规定，加强档案数据基础标准（包括数据质量、格式、元数据等）、安全技术标准、运行平台标准、安全管理标准的框架研究、制定和颁布。

完善档案数据安全法规体系。法治的前提是法制的完善，建立健全档案数据法规体系是确保档案数据安全的重要手段。目前，我国已制定公布了一批相关法律法规，如《中华人民共和国计算机信息系统安全保护条例》《网络安全法》《信息安全技术大数据安全管理指南》《信息安全技术个人信息安全规范》《信息安全技术大数据服务安全能力要求》《信息安全技术个人信息安全影响评估指南》《计算机信息网络国际联网安全保护管理办法》等，2018年纳入立法计划的《数据安全法》在2019年两会也被大量讨论和关注。档案部门要在科学合理的研讨下，立足社会实践，深入调研，广泛征求社会意见，制定档案数据安全法、档案数据隐私保护法等相关法律法规。档案部门应严格按照相关法律法规的规定，依法处理档案数据安全事务，严格执法，敢于执法，运用法律武器解决档案数据治理中存在的安全问题，加大执法力度，不断强化执法主体责任，做到执法必严、违法必究，切实保障档案数据安全。档案部门还要善于执法，"要主动出击，对违反法律法规的行为要敢于追究、及时查处，并提出有针对性的整改建议；创新执法方式，规范执法程序，完善权力清单和责任清单，切实提高执法实效"。

（二）完善档案数据安全管理制度

档案行政管理部门要树立安全治理理念和责任意识，建立分级有序、上下联动、立体互动的共治安全格局，发挥统筹谋划、顶层设计的导向作用，制定档案数据安全战略规划、政策，组织档案数据安全的总体设计与技术攻关，进行宏观监督指导。档案部门应制定专门的档案数据安全管理制度，完善档案数据安全管理机制，规范档案数据安全管理流程，从制度层面保障档案数据安全。

实施档案数据安全分级制度。档案部门要根据档案数据的重要程度、保密程度、敏感程度，结合实际管理情况划分出不同的安全级别，遵照国家相关法律法规对档案数据实行针对性、多层次的安全保护，按照国家有关要求，开展涉密系统的分级保护工作和非涉密系统的等级保护工作，针对不同安全级别的档案数据配备不同的手段进行管理。着重从元数据、网络设备、系统平台管理、访问权限、数据开放等方面加强档案数据的安全保密。国家保密局在《计算机信息系统国际联网保密管理规定》中指出："涉及国家秘密的计算机信息系统，不得直接或间接地与国际互联网或其他公共信息网络相连接，必须实行物理隔离。"因此，对涉密档案数据管理系统必须实施物理隔离。"物理隔离是指内、外部计算机及网络之间没有任何直接或间接的连接通道（含任何光、电以及存储载体等传输通路），两个系统在物理上完全独立，无法进行数据访问和流通。物理隔离的目的是保护系统硬件和数据通信链路免受外界破坏和攻击，从而保障涉密数据的安全。"通过安全分级，合理配置人员、资金、设备等，确保物尽其才、人尽其用，避免资源浪费，实现档案数据分级有序管理。

推进档案数据应急制度建设。档案部门可依据相关法律法规，参考本部门所处的地理位置、自然状况、社会环境等制订动态应急计划，加快推进档案数据应急管理制度建设，建立应对突发事件的防范和应急处置机制，制定科学合理、具有可操作性的档案数据应急工作预案，实施安全检查和通报制度，落实应急处置演练。

健全档案数据备份制度。在相关政策标准指引下，完善档案数据备份制度，降低平台升级、黑客攻击、病毒传播等可能带来的各种风险，提高档案数据的信息安全。档案数据备份要坚持数据级备份和应用级备份相结合，异地备份、异质备份、实时备份和在线备份等多途径并举，充分利用大数据、云计算、物联网等技术实现多点备份，确保档案数据在损坏情况下有备无患和安全管控。

建立档案数据安全监控制度。要加强对档案数据管理流程、系统的监控，对档案数据库访问记录进行视频监控、预警，实时发现网上异常行为和不安全隐患，实施有效的动态。通过科学的溯源技术，对违规访问进行追溯，实现在后台对档案数据进行安全防护。此外，还要加强对档案数据存储传输系统及合法性进行第三方审计，加强对档案数据访问行为、挖掘行为、数据公开透明进行审计，依据审计规则对选定范围的档案数据进行审计检查。通过第三方平台对档案数据安全状态、性能、预防安全和处理安全问题的能力进行综合评估，规避档案数据管理人员、处理人员、利用人员对档案数据的泄露风险。

（三）构筑档案数据安全技术壁垒

大数据时代，档案数据安全治理需要严密有效的技术予以保障，数据安全技术为档案数据的完整、保密和可用提供了坚实的防护壁垒。目前档案数据安全防护技术主要包括：

1. 加密技术

档案数据承载了海量高价值信息，核心档案数据具有密级高、风险大等特点，只有对档案数据管理系统中敏感关键数据进行加密保护，通过采用对称加密和非对称加密两种方式实现，利用非对称密钥系统进行密钥分配，利用对称密钥加密进行数据加密，使未经授权许可的用户无法进入管理系统，获取档案数据内容，确保档案数据安全。

2. 访问控制技术

访问控制技术主要用于防止非授权访问和保密程度较高的档案数据，由于档案数据管理系统需要不断接入新的用户终端、服务器、存储设备和网络设备，当用户数量多、处理数据量巨大时，用户权限的管理任务就会变得十分沉重和烦琐。通过实施访问控制技术，进行访问权限细粒度划分，构造档案用户权限和档案数据权限的组合控制方式，限制对关键数据资源的访问。这样可以防止非法用户进入系统及合法用户对档案数据的非法使用，提升档案数据管理系统的安全性和可靠性，加强保密档案数据的安全保障。

3. 入侵检测技术

入侵检测是指通过从计算机网络系统中的若干关键点收集、分析数据，对计算机和网络资源的恶意使用行为进行识别和响应处理的过程，具有核查平台漏洞、识别黑客攻击、监视用户行为、审计系统配置、评估数据安全等功能。入侵行为的存在是因为网络及系统存在漏洞，这些漏洞可以分为两大类：一类是在系统设计开发中形成的漏洞，另一类是由于对系统的错误使用和管理形成的漏洞。入侵检测技术可以辅助系统防范漏洞，对付网络攻击，拓展管理员的安全管理能级。入侵检测技术是防火墙之后的第二道安全闸门，能在不影响系统网络性能情况下对网络系统进行监测，从而降低因系统漏洞而使档案数据遭受攻击的风险。

4. 隐私保护技术

隐私保护技术主要解决如何保证档案数据开发利用过程中不泄露隐私的问题。主要有两种方式，第一种通过采用对称或非对称加密技术在档案数据利用过程中隐藏敏感数据，多用于分布式应用环境中，如分布式档案数据挖掘、分布式档案数据查询等。另一种是基于匿名化的隐私保护技术，匿名化是指根据具体情况有条件的公开数据，如限制公开原始数据，不公开档案数据的某些域值或公开精度较低的敏感数据，以实现隐私保护。匿名化由于能够在数据公开环境下防止用户敏感数据泄露，同时又能保证公开数据的真实性，这一技术在隐私保护方面受到广泛关注。

5. 区块链技术

区块链技术是一种去中心化、链式结构的分布式数据库，能够以一种永不删除、不可更改的方式保存档案数据，核心技术包括共识机制、加戳加密、智能合约等。借助于共识机制，能够防止档案数据篡改和伪造，提高档案数据标准化程度，减少数据异构。同时，区块链的时间戳，用于标识某一时刻的时间，具有唯一性。在区块链中，当共识节点打包区块数据后，紧接着就会在区块头中添加时间戳，准确记录数据入块时间。随后按照数据入块时间顺序依次添加时间戳，形成一条带有时间顺序的原始链条。时间戳形成的时间链为档案数据增加了一个时间维度，可以保证存储在区块链中的档案数据具有极强的可追溯性、可验证性，档案数据的任何异常情况都会形成相应的时间记录，从而避免某些人为因素导致的数据泄露、数据盗取风险。此外，由于档案数据具有易篡改、易损毁、易受病毒感染等特点，极易造成其法律证据价值的丢失。时间戳作为一种存在性证明，能够证明档案数据的真实性，增强档案数据的可读性，有效提高档案数据保全能力，是维护档案数据的可信工具。时间戳与其认证的档案数据均具有唯一对应性，时间戳中包含数据指纹、产生时间、时间戳服务中心信息等，其作用在于通过第三方权威机构来保障和证明各类电子文档、录音录像、照片、软件代码等数据内容的完整性和产生的时间点。档案部门应根据相关规定，引入可信时间戳服务模式，加强第三方档案数据证据保全，对档案数据包实施固化保全，维护档案数据的法律证据价值。

（四）推进档案数据安全协同共治

依据治理理论，档案数据安全治理主体多元，形成以档案部门为主导，相关主体协同共治的良好局面。其中，档案部门担负着"元治理"的重要角色，档案部门是档案数据收集、管理、存储、利用的主要承担者，是档案数据安全的第一责任体，在档案数据安全治理中要发挥主导作用，需要强化档案数据安全治理职能。第一，档案部门要集中力量做好核心业务，规范档案数据管理，切实保障馆藏档案数据安全；第二，档案部门应为档案数据安全事务合作共治创造良好环境，营造档案数据安全治理生态，为社会主体积极参与档案数据安全治理创造条件，提供政策支持；第三，档案部门要加强档案数据安全监管，保障档案数据在开放开发、共享利用过程中安全可靠。

档案数据的安全治理不仅需要档案部门的支持，更需要各种社会力量和公众的广泛参与，档案数据是公众的数据，为公众开放、为社会服务是档案数据治理的永恒意义，确保档案数据安全关系到社会公众的切身利益。档案部门要从档案数据安全的管理者和控制者转变为档案数据安全权利的协调者和社会协同共治的服务者，从追求部门局部安全转向追求政府整体安全及社会安全最大化，从"信息孤岛"转向跨领域、跨地域、跨层级、跨系统、跨部门、跨业务的档案数据安全协同管理，促进多元主体整合、融合、协同互动。对于档案数据形成单位而言，要保障档案数据格式规范、质量可靠，遵守档案数据安全法规标准，认真贯彻档案数据安全管理制度，做好档案数据移交，把好档案数据质量源头关。对于档案中介机构来说，是安全协同治理的重要主体，一方面，其能否将自身产生的档案数据安全有效地保管关系到自身的正常运行；另一方面，这些机构是档案事务治理的重要承载，担负了档案数字化、档案数据管理系统建设、档案数据挖掘整合等重要工作，需要充分重视档案数据安全，认真践行和落实安全契约，研发具有自主知识产权的系统软件，推进自主安全可控产品的应用，加强数据安全技术的创新升级。对于档案数据用户来说，档案数据安全直接影响个人能否有效利用档案数据，也关乎自身隐私安全、档案利用权利的合法保障和实现。公众是建立档案数据社会安全响应和联动机制必不可少的一环，要自觉提升档案数据隐私权利的保护意识，提高档案数据安全素养，增强网络安全防范技能，加强档案数据安全监督，成为档案数据安全治理的参与者、监督者、维护者。这样才能形成群防群治、全社会共同保护档案数据的良好氛围。

（五）提升档案数据安全自治效能

档案数据安全自治是指档案部门在法律框架下，依托智能技术的日臻成熟，充分挖掘档案数据之间的联系，对档案数据进行自行确权和管理、自行制定安全规则，实现档案数据的自我安全防御。随着人工智能技术、"互联网+"、大数据技术的迅速发展已经深刻影响到档案数据的管理模式、开发和应用模式，档案数据越来越变得"智能化"。

档案数据在解析之后形成的特征、规律以及数据之间的关联关系使得智能档案数据成为可能，通过对档案数据库中元数据提供的主外键关系的分析能够将相互关联的数据进行自动排序，并实现自动预测感知档案数据保管、运行、开发过程中隐蔽的安全风险。根据档案数据集和关联关系对预期解决安全问题的重要程度，以预期解决方案为中心，自动对各档案数据集进行重组、融合以形成新的智能档案数据集，并为操作人员生成可供选择的最佳安全举措，从而实现利用档案数据治理档案数据的良好效果。在安全防范过程中，智能档案数据合约将发挥至关重要的作用，智能档案数据合约根据事先设定的安全解决方案，设置智能档案数据合约触发条件，一旦病毒、黑客攻击等风险触碰到感测条件，安全数据集的变化就会满足触发条件，就会自动对相关风险进行感知、计算、预测、屏蔽、攻击等操作，实现风险分解、安全选择以及档案数据的再保护。在安全模型执行完成数据计算之后，收集与预期解决方案相关的结果数据，进一步形成智能档案数据集。此后，智能档案数据集在面对相应的类似安全问题时，将会自动对原先的安全防护体系进行升级，体现出大数据与智能技术联合保障档案数据的巨大优势。随着人工智能识别技术的引入，智能治理将成为档案数据安全治理的重要趋势。智能分析技术的发展和演进将提升档案数据的自我防护能力，通过机器学习能够实现档案数据的聚类分析、自动分类、智能识别、风险防范，极大提高档案数据的安全自治能力。

大数据时代，档案数据急剧增长，面临的安全风险将日益增加，只有不断地提高档案数据安全治理能力和治理水平，构建全新的档案数据安全治理体系，才能有效地保障档案数据的安全。

思考题
1. 简述安全监控系统。
2. 简述档案馆安全监控系统规划与设计。
3. 网络安全风险有哪些?
4. 全网安全的防范措施有哪些?

第七章 档案管理的发展

★导读：
　　信息资源在信息时代的地位越来越重要，档案管理工作关系着信息资源的存储、传输、运用，重视档案管理工作，提高信息资源的利用效率，是实现信息资源共享的有效途径。对档案管理的创新和对档案服务模式的研究，尤其加强档案管理的信息化和数字化，对提高档案管理工作有着积极的现实意义。

★学习目标：
1. 学习档案管理创新与服务模式方面的知识。
2. 掌握电子档案管理模式方面的知识。
3. 理解建立档案数据库方面的知识。
4. 学习建设数字档案馆方面的知识。
5. 了解建设智慧档案馆方面的知识。

第一节 档案管理创新与服务模式

一、档案管理服务模式创新的重要性

　　档案作为历史的记录、知识的载体之一，汇集着大量的信息，并且是最原始、最可靠的信息，具有不可估量的开发利用价值。档案管理人员的任务，就是科学地管理档案，有的放矢地开发档案信息资源，以满足社会各类人员对档案信息的需求。目前传统的档案管理服务模式仍占主导地位，在档案工作中，档案管理人员忠实地保管着档案，被动地为利用者提供档案，在利用信息、知识，创造价值的这个过程中，档案管理人员只做出了极少的贡献，档案利用率仍然很低，多数珍贵的档案信息资料处于"养在深闺人未识"的阶段，掩埋在历史的灰尘之下。因此，加强档案信息资源的开发利用和多方位服务，对经济发展和社会建设具有重要的推进作用。这就要求档案管理部门和档案管理人员，必须以高度发展的电子科技为依托，从社会需要的角度出发，以利用者为服务对象、以库藏档案信息为服务内容、以多种服务方式为手段，提高档案管理服务模式的创新，为档案的开发利用创造一个广阔的空间，实现档案信息资源的共享。

二、档案管理创新思路

（一）档案学理论研究

档案学是档案管理的遵循依据，对档案学的理论研究，突破传统的理论框架，寻求现代社会的档案学理论基础，为档案管理提供最为全面、科学的理论支撑。一方面，国家应对档案学做好统筹的理论研究，理论研究重点向以解决档案实际管理工作的问题倾斜，并研究档案管理中全局和细节的关系，突出微小信息资源对整合资源的作用。另一方面，社会转型期也要求档案管理升级转型，改变传统的档案管理模式，建立一套与现代社会相适应的档案管理理论，指导档案管理工作。同时，档案管理理论研究重点由人工管理向智能管理转变，突出知识对档案管理的重要性。

（二）转变档案管理思想

想要档案管理创新，就需要转变档案管理思想，从意识层面重视对档案管理的创新工作，提高对档案管理的重视程度。第一，打破传统陈旧的档案管理旧观念。第二，明确档案管理是个智能的信息资源管理过程，是个动态的信息资源管理，从归档开始，涉及的档案人员等环节都需要智能化。第三，档案管理工作是一个企业、一个部门的重要工作，领导层应将档案管理工作上升为机构运转的重要战略工作，突出档案管理中的信息资源的利用和共享作用，同时鼓励档案管理工作人员创新管理思路，把档案管理工作融入企业部门的运营背景中。

（三）创新档案管理体制

档案管理制度是档案管理的约束和指导。创新档案管理体制，可以从以下几个方面着手：其一，明确规定档案管理的目标和原则，但管理制度的内容要简洁明了，可操作性强，改变过去冗长、复杂的制度内容。其二，管理制度突出高效性，管理重点放在重要档案信息资源的整合上，对管理工作的各个环节有明确的制度约定，档案管理人员的职责明确，避免出现一人多岗的现象。其三，档案管理要人性化，建立完善的档案管理人员的奖惩考核制度，提高档案管理人员的积极性，培养人员的档案管理的责任意识。

（四）规范档案管理工作

档案管理实际工作中，需要遵循一套标准的、规范的工作流程。规范档案的管理工作需要规范管理工作各个环节，确保档案管理工作的阶段性和系统性相吻合。首先，档案资料的编写需要充分优化，前期的整合和收集工作需要在机构运行基础上，对涉及的重要信息进行分类整理，档案信息之间的链接也要突出层次性。同时，制定工作细则，档案提档和查阅需要规范登记流程，借阅需要按照要求的证件和证明才能执行，保证档案的安全性。其次，档案的立案和归档工作设置统一的标准，不仅仅是为了档案立案的美观性，也是为了后期查看翻阅的方便、快速。

（五）建立电子文档中心

信息时代讲究信息的数字存储、自动获取功能，数字化和自动化是档案管理的必然发展趋势，为了实现档案管理的智能化，只有通过运用现代技术，利用计算机技术推动档案管理现代化进程。首先，信息的载体、传输、存储可以应用计算机技术并在计算机系统平台实现，减少人工抄写、归档的工作量。例如，可以建立电子文档中心，在平台内设置用户权限，拥有权限才能登录平台使用档案信息资源，在该平台上，可以实现信息资源有效传输和资源共享，既能发挥信息集成的中心效应又能达到信息公开的目的，在一定程度上简化了档案信息获取的流程。其次，加大对档案管理的机械设备投入，不仅仅是软件系统的引入，硬件设备也要与软件相配套。

（六）创新档案管理模式

首先，建立起数字化档案管理模式。就现阶段看来，身份认证技术、数据库技术、数字加密技术以及扫描技术是比较具有代表性的数字化技术。在档案管理中应用数字化技术则能够将文章信息资料转变为数字化档案信息，从而能够及时补充、更新以及整合信息资料，从而达到提高档案管理效率与质量的目的。其次，建立起自动化档案管理模式。自动化档案管理模式的建设是创新档案管理的重要内容之一，当前电子标签、数码扫描识别以及OCR识别是较为典型的自动化技术。建立起自动化档案管理则能够实现档案信息的自动采集、筛选、检索以及提取关键词等，并且还能自动处理以及批量处理档案信息资料。再次，建立起体系化档案管理模式。体系化主要包括了档案管理内部流程一体化、部门衔接一体化以及档案文档一体化等。主要是利用数据融合技术、数据库技术以及数据集成技术来提高档案信息数据的兼容性与通用性。最后，应当建立起互动化的档案管理模式。在以往的档案管理中，往往每个档案信息只对应一份信息，互动较为缺乏，而通过建立起互动化的档案管理模式则能够有效优化档案管理的系统工作并且有利于服务质量的提高。

（七）提高档案管理人员素质

档案管理人员是档案管理的执行者，档案管理人员的专业素质关系着档案管理的有效性，提高档案管理人员的素质迫在眉睫。首先，鼓励档案管理人员解放思想、大胆创新，勇于打破传统的管理模式，转变思想观念，培养他们的管理意识。其次，扩宽档案管理人员层次性。过去的档案管理人力资源配置并不合理，聘用的是较为年长、知识结构较窄的人员作为管理员。因此，需要突出管理员的专业化，随着高校的档案学构建，学科的专业性逐渐凸显，档案管理人才应逐渐走进档案管理岗位中。

三、档案管理中的服务模式研究

（一）用户需求为导向

档案管理的服务内容是多层次的、跨领域的。档案管理的服务不仅仅是档案管理的社会效应。过去的档案服务属于被动式工作，档案资源存在的有无决定了用户享有的信息资源的可能性，若无该档案信息，用户则无法享受到该信息资源。因此，应改变服务内容，变被动为主动，才是档案的服务功能，了解掌握档案受众的人群结构，有针对性地根据用户的需求调整服务内容，补充和弥补档案资源。并对用户的需求进行整理和归纳，把用户的需求分为差异性的和共同性的，用需求导向来促使服务的模式创新。

（二）创新服务方式

信息资源的公开和信息资源的共享是档案服务的一项重要内容，通过创新服务方式，达到信息资源的循环使用的时效性。首先，改变重视档案管理，轻视档案利用的观念。对档案的附属价值应提高认识，建立引导式的档案服务理念。其次，档案信息资源应及时公开，并实现有效的动态跟踪，尤其是图书档案资源在库信息的更新，提高档案资源的利用率。最后，增加档案馆藏之间的相互联系，实现资源的相互补充，同时服务兼具人性化和科学性，利用电子导航和系统超链接的方式实现对信息资源的共享。

（三）科学技术为依托

服务手段的创新主要以科学技术为依托。首先，强化对档案信息管理的网络建设，扩充档案信息管理的载体，实现档案信息资源的流动性和公开化。其次，改变传统的纸质服务模式，借阅、登记等流程实现数字化和电子化，档案的服务利用更快捷方便。另外，运用科学技术，对档案资源的客观实际情况优化整合，通过开发新的功能板块，增加服务项目业务，让档案服务向着有特色、多层次、多元化的方向发展，满足档案用户的多方需求。

（四）优化档案管理流程与业务标准

首先，重构企业档案管理业务流程。其次，对于档案管理的服务内容以及功能范围应当进行积极拓展，从而不断提高档案管理的服务水平与质量。再次，应当积极整合档案管理的各种信息资源以及软硬件建设，不断加快构建档案管理信息化平台的步伐。又次，应当加大引进具有活力以及先进性的新生力量并加强档案管理信息化安全保障措施来重组档案管理组织架构。最后，还可以根据用户需求制定个性化与专业化的服务项目。在对用户需求进行正确掌握与了解的基础上，对各类用户需求的特性与共同点进行分析与研究，从而有针对性、有目的性地归纳整理档案信息资源，让档案管理更具有现代化与专业化性质。

（五）深化层次编研

档案资料的编研是档案管理的重要内容之一，因此非常有必要对编研工作进行深入研究与创新。首先，应当全面优化档案的原始信息，并对该类信息数据进行全面、系统的处理，尤其是要做好分类与汇总有价值信息的工作。其次，因为档案资料种类多样、内容复杂而且数量庞大，所以在进行编研时可以采用优先级的方式来编研档案资料。再次，在编研档案资料时，应当聘请具有丰富经验的专业人员来完成，以确保编研的科学性与合理性。最后，还需定期将国家出台相关指导性文件编研与汇总到档案资料库中。

总而言之，在市场经济竞争日渐激烈的今天，时代发展需要创新，而以往的档案管理以及服务模式已难以满足当前档案市场发展的要求，所以，在确保档案管理工作质量的基础上应当积极探索以及创新档案管理工作，尽可能做到档案体制创新、方法创新、服务模式的创新，并且不断加大对新型档案管理服务模式的开发力度，不断推动档案管理工作适应与时俱进的时代要求。

第二节 电子档案管理模式

一、形成机构内部电子档案的管理模式

电子档案的形成是与机构业务活动的开展同步进行的，它们总是真实而客观地反映着机构业务活动的全过程。科学地管理好各类机关、企事业单位电子档案，不仅对于本机构信息流的合理控制和有效利用具有明显的实际意义，而且对于电子时代建立完整可靠的社会记忆、推动整个社会的信息化进程也具有重要的基础作用。由于各类机构业务范围的不同，使得电子档案在种类、内容上存在很大差异，从而导致不同机构的内部电子档案管理模式可能不同。从目前来看，机构内部的电子档案管理模式大体上有以下几种。

（一）"双套式"管理模式

现在不少机关、企事业单位形成电子、纸质两种文件，其中有些文件只有电子形式，如数据库等；有些文件只有纸质形式，在将电子文件制作硬拷贝后电子版本即被消除；也有些文件同时以两种形式存在。在同时保留两种文件的机构中，对二者的处置方法也不一样，有的按照传统的做法把纸质文件归档保存，电子文件由形成者自行处置；有

的将电子文件与纸质文件分别集中保管于信息技术部门和档案部门，纸质文件归档后成为档案，电子文件则成为资料；也有的机构将两种文件双双归档，形成了两种介质的两套档案。具体做法是：现行机关将电子文件以纸张和数字化载体，如磁盘、磁带、光盘等制作双重备份，并分别归档管理，形成两种介质、两套同一内容的档案。国家档案局、中央档案馆的《电子文件归档及电子档案管理办法（征求意见稿）》中规定："具有保存价值的电子文件，必须适时生成纸质文件等硬拷贝，进行归档时，必须将电子文件以相应的纸质文件等硬拷贝一并归档。"目前，上海市政府办公厅已经实现了收发文全部数字化，并实行从文件处理到归档保存的全程两套制管理。

目前，很多档案工作者已经承认了电子文件的档案价值，但由于电子档案证据作用在法律上尚未实现，不能取代传统纸质档案的法律地位，所以很多机构都采用这种两套制的管理办法。其原因很明显：电子档案的法律效力一日不予确认，人们对纸质档案的依赖就一日不会减弱。由于纸质档案可以将电子档案的内容固定下来，使其不易变动或修改，因此可以以此来解决电子档案法律效力的实现问题。在这种背景下，为了档案事业更好地生存和发展，独具慧眼的档案工作者，自然不会错失通过两者联姻来提高档案管理水平的大好时机。以数码或符号进行存储传输的电子档案，可以通过网络进行传递和交流，管理上更为灵活、广泛，并可实现更大范围的档案信息资源共享。所以，为了高效、方便地满足用户的利用需求，对电子档案进行脱机保管也是必然趋势。况且国际档案界正致力于法律、技术、管理制度各个方面的研究，努力为确认电子档案的法律证据作用寻求出路。因此，在保障法律作用的前提下，充分利用现有资源、融合两者优势来服务社会是必由之路。

两套制管理的特点是避免两种载体的不足，充分发挥各自在档案管理上的优势，电子档案脱机保存便于查找利用等服务；纸质副本则便于档案的长久保存，并可作为电子环境出现障碍时补救之用。这是在文件介质转化时期不可避免的一种现象。可以预见，这种模式将会在相当长的一段时期内存在，这是由以下几方面因素共同决定的。

1. 尽管不少单位内部与系统之间依靠网络相互传递信息，完成公文处理程序，但国家档案局规定带密级的文件不能上网。因此，在今后相当长的一段时间内，密级文件还将以现行的办公模式运转。

2. 档案管理的方向是逐渐转向电子化。计算机技术的不断发展可能会促进档案现代化的进程，然而载体稳定性的验证、保密措施的研究、现代化技术的适应过程、地区发展差异的平衡、法律地位的确立等问题的解决均需要较长的时间来完成。

3. 两者在转化的过程中仍有不少技术上的问题有待进一步深入研究解决。双套制的管理对象在相当长的一段时间内将是电子档案与纸质档案并重，其工作方式和手段是计算机和手工同时并进。从长远来看，将朝着以电子档案为主、纸质档案为辅，以计算机为主要方式和手段的方向发展。随着技术的成熟和各方面条件的具备，会有越来越多的电子文件独立地转化为电子档案，但硬拷贝仍将是一种安全的备份形式。

双套制带来的直接影响是需要建立两个管理系统，二者既有联系又各有特点，这给各级档案管理部门提出了许多新课题。原则上，电子档案的管理应纳入现行的档案管理体系，能够并轨的就并轨，如统一进行价值鉴定、著录标引等；不能并轨的就分别操作，如分别保管、分别利用等。特别需要在两个系统之间建立通道，使人们可以容易地从一种档案找到相同内容的另一种档案，以便在有关业务处理上协调一致，并方便利用。

（二）一体化管理模式

电子文件的产生，使一体化管理真正成为可能。文件与档案是同一事物的不同存在阶段，它们在物质形态、社会本质及其所含信息的本源性上是完全同一的，两者只有运动阶段的区别而无本质的不同。传统档案理论把文件的归档作为文件与档案的分界限，对其进行分别管理，这种做法在手工操作时期可能具有一定的合理性。但电子文件的产生，使两者之间的界限模糊了。因为从文件的起草、传输、办理到归档、鉴定、整理、保管以及再利用，均可以通过计算机网络进行，即文件工作与档案工作在同一工具上连为一体。这样，前阶段文件的质量就会直接决定后阶段档案的质量。如果仍沿用过去的文件与档案两段管理方式，不仅割断另外两项工作的内在联系，而且有悖于利用先进技术提高工作效率之初衷，无论在理论上还是在实践中都是难以成立的。

实际上，电子文件的大量出现及其长久保存的需要正在促使多年来提倡的文件、档案一体化管理进入实质性阶段。电子文件的全程管理和前端控制，都是孕育和根植于这种一体化管理模式的管理策略。对电子文件的全程管理中，计算机软硬件的配置、网络和节点的规划、文件格式和数据库结构的确定以及索引的编制都需要从文件形成阶段开始统筹设计，电子文件的归档、整理、鉴定、著录、生成元数据等大量的档案管理性工作也需要在文件的形成阶段或运转阶段进行。因此，电子档案的管理必须选择文件、档案一体化管理模式。

电子文件、档案一体化管理的最佳实现方式是建立功能涵盖电子文件整个生命周期全部管理活动的电子文档一体化管理系统。在该系统内，有统一的工作制度、统一的工作程序和统一的控制中心。但需要指出的是：这种一体化系统绝不是文件管理与档案管理功能的简单相加，而是在全程管理和前端控制原则指导下对整个管理流程的重构。其目标功能是在文件处理过程中形成电子文件，将文件处理与档案管理连成一个有机整体，提高部门之间协同工作的能力，从整体上提高机构的办公效率。

文档一体化系统将文件管理和档案管理同时纳入一个统一的管理系统内，使原本相对独立的又在不少环节上雷同的两种管理体系真正从组织制度上和工作程序上交融在一起，消除重复劳动，以发挥系统的整体功能，求得系统的最高效率。

从理论上说，文件、档案一体化管理不仅包括机构内部对处于现行、半现行期文件的管理模式，还应该包括对处于非现行期的电子档案管理。也就是说，一体化的范围应该设定在电子文件生命周期的自始至终。档案馆对电子档案的管理要求也应该渗透到机构电子文件管理体系之中。然而，一体化还只是适应档案和档案工作知识技术含量不断提高的一种新型管理方式，它的发展和完善还需要一个过程，还有待于技术的提高、制度的完善以及各方面人士的共同努力。

（三）电子信息资源综合管理模式

1. 电子信息资源综合管理模式概念

电子信息资源综合管理模式是文档一体化管理模式的进一步扩展，也就是我们通常所说的图、情、档一体化管理模式。

现代信息技术的进步促成了各类信息资源管理活动的集成发展。特别是网络的诞生，为电子信息资源综合管理模式的建立与实施提供了良好的契机。在网络环境下，用户的需求越来越高，他们需要在网络上获得的是最终的信息内容，而不仅是获取信息的线索。这就要求图书、情报、档案部门相互协作，提供包括情报、资料在内的电子信息一体化的信息服务。

2. 电子信息资源综合管理原则

电子信息资源的管理是一项十分复杂的管理活动，必须符合电子信息资源运动的客观规律。一般来说，电子信息资源管理必须遵循如下基本原则：

（1）共享原则

电子信息来源于社会，是全社会的宝贵财富，理应为全社会所利用。电子信息利用得越广泛，其资源作用就会发挥得越充分。随着信息社会化和社会信息化，电子信息量空前增长，更新周期加快，任何单一机构的信息接受能力和经济承受能力已不能适应时代发展的要求。共享原则要求电子信息资源管理建立完备的社会化的信息资源保障体系和高效的信息流通、传递与利用体系作为其重要内容，通过有效的管理，保证电子资源为人们最大限度地利用。

（2）系统原则

要真正发挥电子信息资源的综合利用，就必须使全社会的电子信息资源，包括各行业、各种类型以及各种渠道获得的电子信息资源，按照系统科学的要求，形成一个相互联系、相互作用的系统。要做到这一点，就必须打破互相封锁、条块分割、各自为政的状况。只有这样，才能使电子资源管理做到整体大于部分之和。系统观点是电子信息资源管理不同于以往信息管理的最大特点，它将使电子信息资源管理获得新的生命力。随着社会信息化水平的提高，信息环境更加复杂，影响因素更多，电子信息资源管理坚持系统原则就更加重要。

（3）科学原则

科学原则是指电子信息资源管理要遵循信息运动的客观规律，体现信息管理的特殊性。电子信息资源综合管理要真正使信息服务于社会，发挥资源作用，就必须要求整个信息运动过程，从信源到信息的收集、处理、存储、传递、利用乃至反馈，都必须是真实、准确、可靠的。

信息具有很强的时效性，过了一定期限，其效用就会减少、丧失甚至为负值。电子信息资源管理只有抓住升值期的信息，并且在该时间上有一个趋前量，才能在激烈的竞争中立于不败之地。科学原则还要求电子信息资源综合管理必须从实际出发，根据用户的实际需要，本着实用和发展的原则，确保信息管理的最佳效用。

（4）安全原则

随着现代信息技术的飞速发展和广泛应用，电子信息资源已经更多地体现在数据库的占有和核心信息技术的领先方面。随着信息资源共享，信息的安全问题涉及的领域广泛、因素众多。电子信息资源管理要强调人的因素和提高人的素质，加强制定信息活动的规范化准则，如信息伦理、信息法律等，从新的角度进行综合防范和治理。

总之，网络环境下，档案部门一定要建立高效率的档案管理信息系统，并让我们的系统与其他信息系统相连接、相互兼容，共同分享信息处理的结果，在更高的程度上实现信息资源的共享，以满足社会更高层次的信息需求。

二、档案馆的电子档案管理模式

对于档案馆内电子档案的保管模式问题，目前在国际档案界尚未达成共识。加拿大哥伦比亚大学和美国匹兹堡大学提出了两种具有代表性的管理方案，即由档案馆集中保管和由各机构分散保管。这两种方案分别得到了一些国家学者和档案管理机构在理论上和实践上的支持。在这两种模式纷争的情况下，又出现了第三种主张，即采用集中与分散相结合的管理模式。

（一）集中统一保管模式

哥伦比亚大学的路西亚·德伦提和麦克尼尔是集中保管思想的主要倡导者[①]。他们认为传统的文件生命周期理论在电子环境中仍具有生命力，电子文件也同样有自己的生命周期。在传统的文件生命周期理论模式的基础上，国际档案理事会电子文件委员会总结各国的研究成果，在1997年一份关于电子文件管理的报告中提出了电子文件生命周期理论。该理论认为"电子文件在产生之前，其生命周期已经开始。并将电子文件的生命周期分为

---

① 张远平．构建以公共服务为导向的"大档案"管理模式：以金华市大档案管理改革为个案 [D]．金华：浙江师范大学，2008. DOI：10.7666/d.y1549696.

三个阶段——概念阶段、产生阶段和维护阶段"。第一阶段，即概念阶段，是指根据电子文件归档后形成的电子档案的保管要求，提出系统计划阶段。在这一阶段，必须形成一个可靠的电子环境，包括电子文件管理的功能需求。

例如，要使电子文件的内容、背景信息和结构能作为保证其真实可靠性的凭证等。这些功能需求必须在这一阶段形成并加以详细说明，以嵌入整个系统。第二阶段，即产生阶段，是指电子文件在这种可靠的电子环境中产生出来。这一阶段至关重要，因为如果一个系统可以满足信息利用需求，但不能保证文件在系统中始终能够保持完整并被可靠获取，则系统设计就毫无价值。此阶段是电子文件产生并作为真正文件被保管起来的阶段。第三阶段是维护阶段，是指电子文件产生后直至被销毁或永久保存的整个过程。

持集中统一观点的学者认为，随着文件由现行阶段进入非现行阶段，其作用会有所改变。开始时，文件对形成者的第一价值最大，用以支持决策和办理业务；接下来，会在一段时间内被其他活动需要，并满足凭证需要；最后，它会因为法律、文化和其他的研究目的而被保存下来。因此，管理文件的职责也应随之转移。文件管理必须有明确的职责分工，即生成机构与档案馆各司其职，对于处于现行使用阶段的电子文件，由文件形成机构进行保管；而对于失去现行使用价值的电子文件则必须由档案馆对其进行实体控制，实行集中统一保管。他们认为只有这样才能对电子文件实施完整的职能控制，保证电子档案的可靠性和真实性。机构凭借管理程序和技术手段去保证档案的真实性，而档案馆则通过整理和著录两个环节来保证档案的真实性。如果割裂了档案馆与集中保管的关系，就无法履行詹金逊所说的保管责任，即道德捍卫。

从以上观点来看，电子档案应该像传统档案一样上交到档案馆保存，由档案馆对其实体进行控制。在实际操作中，美国、瑞士、法国、瑞典以及北欧国家主张采取这种集中统一的管理模式。

（二）分散保管模式

持分散保管观点的学者认为，在电子档案保管方面，传统的或"保管式"的档案馆应该让位于虚拟档案馆，即电子档案的长久保存不一定像传统档案一样将其实体上交给档案馆，而可以由形成机关保存，档案馆对其信息进行控制即可。这种模式的目的是要摒弃集中统一模式将文件管理与档案管理相互分离的致命弱点，将文件到档案的整个过程的几个阶段融合在一起，即把文件管理与档案管理合并到一个连续的过程中。

分散保管模式是相对于传统的以实体为中心的集中统一保管模式而言的，是建立在文件连续体思想之上，以来源为中心、以知识为中心的管理模式。主张对电子档案的管理从现行工作领域入手，在电子文件的形成阶段通过建立登记制度、职能分类制度来建立对电子文件的处置控制措施，从而识别和保护电子档案的原始结构。分散保管模式是加拿大档案工作者库克在第十三届国际档案大会上提出的，他指出："……从文件实体的整理、编目和保管转向了解信息系统和形成者的相关文件之间的有机联系；档案馆从一个希望与文件形成机构合作的恳求，机构变为一个监督形成者，维护和保管在其管理下的档案文件活动的审计机构；档案建筑从文件保管基地转变为一个便于公众利用数百个由形成者控制的系统内的各种文件的中央信息中心……"[1]从这段话可以看出，其中暗含了分散保管思想。

主张分散保管的学者都认为：档案馆不应为了无限期的未来而对历史性电子文件进行实体保存，而只须承担这些文件的指引者的角色。换句话说，既然电子档案的生成机构有足够的技术条件，那么可以由它来向公众长期提供数据成品的联机查找服务，而档案馆则提供电子档案的相关信息及查找线索。他们认为将电子档案的实体保存在形成部门并非档案馆对集中统一管理原则的放弃。因为档案馆必须对各部门形成的电子档案进行登记，并对其可存取性加以控制，这就是集中统一管理的体现。档案馆对保存在各部门的电子档案的可存取性随时随地进行审计、检查，对敏感的或机密的档案进行适当加密，以防非法存取。通过控制对电子档案的存取权，达到集中统一管理电子档案的目的，使电子档案尽管未存放在档案馆，却随时在档案馆的管理与控制之中。在实际操作中，澳大利亚、德国、俄罗斯、荷兰等国主张采用这种分散管理模式。

总之，这种新的分散保管模式将传统理论对实体保管对象的关注，转变为对档案、档案形成者及其形成过程的有机联系、目的、意图、相互联系、职能和可靠性的关注。这些都远远超越了传统的档案保管模式，因此这种模式还被称为"后保管模式"。

（三）分散与集中相结合的管理模式

这是一种折中的观点。持此观点的学者认为，分散保管与集中保管两种模式各有利弊，应该吸取两者的合理因素，发挥各自的优势，采取分散与集中相结合的保管模式。即"将大部分电子文件及需要短期保存的电子档案，由形成单位按档案馆提出的要求保存，并接受档案馆的监督、检查和审计；将重要的，具有永久保存价值的电子档案上交到档案馆进行集中统一保管"。目前看来，持此观点的多是国内的学者。如例如，上海大学档案系的于英香提出："应尽可能地将具有永久保存价值的电子档案移交到特定档案馆中进行集中保存。而对于那些具有短期保存价值和在运动环境上具有特殊要求的电子档案，可委托形成机构进行保存。但是档案馆需要事先与被委托机关签订详细、具体的委托契约，档案馆的工作人员还必须以足够的技术能力和专业知识监督这些机关是否按照契约、按照国家对永久性档案的有关规定实施管理。"[2]

分散保管与集中保管相结合的设想的出发点和理论依据都很好，但它的实现涉及的因素很多，因此该模式是否具有可操作性还有待实践的进一步证明。

---

[1] 卢辛纳·杜兰蒂，于力. 鉴定的概念与档案理论 [J]. 黑龙江档案，997 (6)：2. DOI: CNKI: SUN: DAHL.0.1997-06-028.

[2] 于英香. 电子档案与纸质档案保护之比较 [J]. 档案学通讯，2004(5)：4. DOI:CNKI: SUN: DAXT.0.2004-05-020.

第三节 建立档案数据库

一、档案数据库建设的意义

(一)是档案信息化水平的重要标志

我国档案信息化自20世纪80年代起步以来,积极致力于档案目录数据库建设,建立了档案目录中心,显著提高了档案管理的效率和质量,方便了档案的查找利用和资源共享,成为档案信息化建设最早、最直接获得的成果,也不断增强了档案工作者对档案信息化的认识和信心。实践证明,档案数据库建设的规模和质量不但是档案信息化的核心任务,而且是衡量档案信息化水平的重要标志。

(二)是档案信息资源建设的基础

归档文件材料属于一次档案文献,它虽然具有原始性,但是属于无序的、分散的、非结构化的档案信息,难以形成资源优势,不便于集中统一管理和广泛共享利用。档案目录数据库建设的实质是通过对档案内容和形式特征的分析、选择及记录,采用数据库管理技术,将档案著录信息输入计算机系统,形成二次档案文献,即结构化的档案信息,此举可有效提高档案信息的丰裕度、凝聚度、集成度、融合度、共享度、适用度和价值密度,降低其失真、失全、失效和失密的风险,从而形成档案资源体系,提升档案信息化的综合实力。没有高质量的数据库,再好的软硬件系统也只能是"空壳"。

(三)是开发利用档案信息资源的前提

档案信息化的主要目的是将对档案的实体管理转变为对档案信息的管理,也即对档案内容的管理,这是信息技术的优势所在,也是传统管理最大的难点。建设档案数据库,有利于加快推进档案信息资源的整合和共享,使档案信息真正成为优质资源和共享资源;有利于信息技术和大数据技术应用,促进档案信息的资源体系、服务体系和安全体系建设;有利于最大限度地发挥档案价值,从而为档案信息资源的开发利用创造有利的条件。没有档案数据库,档案信息化就是空中楼阁,流于形式。

二、档案目录数据库建设

档案目录数据库中的记录又称为"档案机读目录"或"档案电子目录",是存储在计算机内，使用某种数据库管理系统组织管理档案目录的数据集合。

（一）档案目录数据库的结构设计

根据著录对象的层次不同，档案目录数据库分为案卷级目录数据库和文件级目录数据库两类。为实现计算机检索，必须将反映档案内容特征和形式特征的案卷级著录信息和文件级著录信息输入计算机数据库，由计算机系统通过专门的数据库管理系统和档案管理软件对其进行采集、加工、整理和检索。数据库管理系统是存储、管理档案目录信息的最佳工具，它按照一定的数据模型，将相互联系的结构化信息以特定的方式组织存储起来，构成数据集合。为此，档案目录数据库的结构设计包括两项内容。

1. 选择档案著录项目

《档案著录规则》规定了档案进行著录的项目和形式。该标准规定的著录项目共分七项，每项分若干著录单元。在列举的二十二个著录小项中，只有正题名、责任者、时间项、分类号、档号、电子文档号、缩微号、主题词或关键词八项为必要项目，其余为选择项目，这意味着不同的档案目录数据库在项目选择上可能存在较大差别。

事实上，《档案著录规则》主要用于规范传统档案目录的著录标引工作，对电子档案目录的检索和网络共享考虑不够充分。因此，目前在构建档案目录数据库时常常增加一些新的著录项目。例如，为便于解决数据访问权限的控制问题，增加"主办部门"和"协办部门"项目；为便于调阅数字化的档案全文，增加"全文标识"项目；为解决跨地区、跨层次数据共享，增加"组织机构代码"；等等。

2. 确定著录项目的数据格式

具体规定每个著录项目的数据类型和字段长度。数据库管理系统所管理的数据对象是结构化的，因此必须事先确定好档案目录数据库各字段的名称、字段类型、代码体系和约束条件等。即文件级档案目录数据库结构示例，只有结构一致、格式规范的目录数据才能集成管理、并库共享。

（二）档案文件的著录标引和著录信息录入

档案文件的著录标引和著录信息录入，是档案目录数据库建立的重要工作和档案信息化的关键环节，意义十分重大，需要给予高度重视。从形式上看"著录"和"录入"是两项工作，而在档案信息系统的操作中往往结合起来，交叉进行，即一面著录标引，一面录入数据。为了提高档案著录、数据录入的速度和质量，须从以下三个方面采取对策。

1. 提高认识，增强操作人员的责任心

档案著录和数据录入工作的重要意义在于：一是大规模、高质量的档案目录数据是实现档案信息化价值的前提。信息行业有一句行话："三分靠硬件，七分靠软件，十二分靠数据"，没有实力强大的数据库，再先进的档案信息系统也只能是空中楼阁，形同虚设。二是数据质量问题会给档案信息系统埋下隐患。信息行业还有一句行话："计算机系统输入的是垃圾，输出的也必然是垃圾，绝不会成为宝贝。"一旦输入了数据垃圾，计算机软硬件技术难以自动消除。档案数据库质量控制有"技防"和"人防"两种，其中人防，即提高人的责任心和操作技能永远是第一位的。因此，要从培养操作人员的素质抓起，落实工作职责和考核办法，实现对档案文件的著录标引和著录信息录入工作的精细化管理。

2. 严格按照国家规范设计数据库结构

档案信息化建设单位应当严格按照《档案著录规则》《档案分类标引规则》《档案主题标引规则》《中国档案分类法》《中国档案主题词表》等国家相关标准规范，结合实际，制定本行业、本专业、本单位标准和规范，为档案数据库建设提供标准支持。要维护标准和规范的权威性，在档案信息系统开发，特别是数据库结构设计时应严格执行相关标准和规范，防止数据库设计的盲目性和随意性，确保档案数据的一致性、准确性和规范性。

3. 采取有效的技术手段提高数据录入的速度和质量

档案文件的著录标引和录入工作十分枯燥，不但效率低，而且容易引起操作疲劳而出错。为此，应当在加强"人防"的同时，尽量采用"技防"。事实上，计算机技术的发展已经为提高数据录入的速度和质量准备了充分的手段。

（1）在数据库建设中控制数据结构定义

为了提高系统的适用性和可扩展性，很多档案信息系统都为用户提供了灵活的数据库自定义功能，然而这项功能如不加以控制就会造成"乱定义"，即定义的随意性。为此，在设计档案信息系统自定义功能时，应当将数据库的表字段设计分为"必选项"和"可选项"。必选项严格按照《档案著录规则》设置，不允许自定义，可选项可在规范引导下进行自定义。

（2）利用计算机智能，自动录入数据

在录入档案数据时，某些档案著录项可以通过计算机自动处理后录入数据。例如：自动生成档号、序号、部门号、库位号；根据文件级著录的文件页数、文件日期，自动生成案卷级文件页数、起止日期；根据文件的归档类目号，自动生成分类号；根据文件标题或文件内容，自动标引主题词；等等。自动录入的数据能够避免人为录入差错，大量节约人力，并显著提高录入的速度。

（3）使用代码录入

代码是确保著录信息和档案特征一致的有效手段。例如，组织机构名称，有全称或简称，简称往往又很不规范，这会造成检索时的混乱，而应用代码，可以做到代码和组织机构的严格对应，检索时就不会出现漏检或误检。因此，档案信息系统应设计简便的代码管理功能，包括代码的维护、录入提示等，确保规范使用代码，又快又好地录入档案著录信息。

三、档案全文数据库建设

档案全文数据库，是存储、组织管理数字化档案信息的数据库系统，既包括档号、题名、责任者、正文、形成时间、密级、保管期限、载体、数量、单位、编号等著录信息，也包括档案的内容信息。档案全文数据库所管理的对象，不仅包括经数字化处理的传统馆（室）藏档案，而且包括以数字化形式直接生成的电子文件（档案），如各类文本、表格、图形、图像、音频、视频数据库、网页、程序等。应用环境不同，系统软件不一，生成的文件格式也会不同。因此，必须确定电子文件的元数据标准和存储格式，以规范档案全文数据的组织与管理。

（一）档案全文数据库构建的过程

1. 数据的采集

即对加载到全文数据库中的数据进行录入、采集、整理等处理。全文数据的获取方式有三种：一是图像扫描（或数码拍摄）录入。该方法形成的图像信息能保持文件的原貌，但占用存储空间大，不能直接进行全文检索和编辑。二是键盘录入。该方法形成的是文本信息，占用存储空间小，存取速度快，支持全文检索，但是输入工作量大，文本的格式和签署信息容易丢失。三是图像识别录入。即对扫描形成的图像进行 OCR 识别，形成文本信息。该方法虽然具有上述两种方法的优点，但是 OCR 识别带有一定的差错率，特别当档案原件字迹材料不佳、中英文混排或带有插图、表格时，差错率较大，而人工纠错成本较高。因此，数据采集要权衡利弊，有选择地使用。

2. 数据预处理

将采集后形成的档案数字化成果转换成规范的格式，进行规范化命名，再进行统一标准的著录与标引。采用自动标引技术的系统，还可以从文本文件中直接提取关键词或主题词，辅助计算机检索。

3. 数据检索

档案全文数据库建成后，可采用全文检索系统提供的功能对数据库进行检索。

4. 数据维护

全文数据库建成后，需经常对数据库的内容进行索引、更新、追加和清理，以保证数据库的实用性和时效性。

（二）档案全文数据库的功能

1. 能够获取、存储和使用不同类型、不同格式的档案信息。

2. 能够按照确定的数据结构有效组织大量分布式的不同类型、不同格式的电子文件或扫描件，并为之建立有效的检索系统。

3. 能够快速、正确地实现跨库访问和检索。

4. 能够对全文信息的访问和使用进行许可、控制和监督等授权管理。

5. 能够在网上发布全文数据库数据。

6. 能够集成支持全文数据库管理的各种技术，如超大规模数据库技术、网络技术、多媒体信息处理技术、分布式处理技术、安全保密技术、可靠性技术、数据仓库与联机分析处理技术、基于内容的分类检索技术、信息抽取技术、自然语言理解技术等。

四、档案多媒体数据库建设

档案多媒体数据库是对文本、图像、图形、声音、视频（及其组合）等媒体数据进行统一管理的数据库系统，它具有良好的交互性，输出的多媒体文件形象直观，图文声情并茂，能真实生动地还原历史记录。因此，档案多媒体数据库属于特色数据库和优质档案信息资源，应当列为档案数据库建设的重要内容。

（一）建立档案多媒体数据库的步骤

建立档案多媒体数据库有三个步骤：一是收集和采集来自各种档案信息源的多媒体信息。如果来源是数字化多媒体信息，即多媒体电子文件，则归档处理后直接进入档案多媒体管理系统的存储设备中；如果来源是模拟多媒体信息，如模拟录音、录像，则采用音频或影像采集设备，将其转换成数字化的多媒体档案后输入档案多媒体数据库。二是按照多媒体档案的整理规则，对多媒体电子文件进行整理，形成档案多媒体目录数据库。三是将整理后的多媒体档案挂接到档案多媒体目录数据库中。

（二）多媒体档案与档案多媒体目录数据库的挂接方法

鉴于多媒体档案占据容量大，对档案数据库运行效率影响也大，因此，需要慎重选择多媒体档案与档案多媒体目录数据库的挂接方法。挂接的方法一般有基于文件方法和二进制域方法两种。

1. 基于文件方法（又称"链接法"）

这种方法是将独立存储于计算机载体中的多媒体档案的名字与位置（路径）存入（"链接"于）档案多媒体目录数据库相应的记录中，而不是真正将档案存储在目录数据库中。当数据库管理系统访问多媒体档案时，根据目录数据库中记录的多媒体档案名称和路径，访问多媒体档案。这种方法的优点是，尽管多媒体档案容量大，但是不会给目录数据库增加负担而影响目录数据库的运行效率。缺点是多媒体档案与目录数据库的关系不够紧密，容易因系统或数据的迁移而断链，造成通过目录找不到对应多媒体档案的故障。

2. 二进制域方法（又称"嵌入法"）

这种方法是把多媒体档案实实在在地存放于（"嵌入"）目录数据库中的 BLOB 字段（"二进制域"）中，该字段能存储大文件，因此又称"大字段"。该字段有两种：一种是 Memo（备注）字段，它可以存储大文本文件，容量相对较小；另一种是 OLE（对象嵌入）字段，可以存储大二进制文件，如多媒体档案等。ORACLE 数据库的一个 BLOB 字段可存储不大于 4G 的多媒体文件。这种方法的优点是，多媒体文件与目录数据库的关系相当紧密，不会断链。缺点是大容量的多媒体文件会增加目录数据库的负担，影响其运行效率。因此，在使用二进制域方法时，需要采用一些技术手段来弥补其缺陷。

第四节　建设数字档案馆

一、数字档案馆的规划与建设

随着社会信息化进程的加快，特别是电子政务、电子商务、办公自动化等在各级政府、企事业单位的逐步应用，电子文件及其电子档案（数字档案）已经大量产生，并即将向各级档案馆移交，数字档案将在未来 5～10 年内成为新形成档案的主体。作为文件和档案的最终归宿——档案馆，将面临管理体制、管理方法、管理技术、管理理念的全面挑战，数字档案馆的规划和建设已经非常迫切。数字档案馆已经成为 21 世纪档案馆的发展方向。

（一）数字档案馆的定位与内涵

数字档案馆建设是一项全新的事业，从提出数字档案馆的设想，到理论和概念的探讨，再到在部分省市档案馆试点实施，不过三四年时间；数字档案馆建设又是一个复杂的系统工程，投入多、难度大、周期长。必须准确把握数字档案馆的定位和内涵，才能少走弯路，减少浪费。

（二）数字档案馆与数字图书馆的比较

数字档案馆建设与数字图书馆建设密切相关，不仅因为最早国内外提出建设数字档案馆的概念是受数字图书馆的启发，或者是作为数字图书馆项目的一个组成部分，而且是因为档案和图书作为信息资源的主要来源，在信息时代，它们的管理方法和手段存在许多共性，在一段时期还研究探讨过档案、图书、情报一体化管理的趋势。数字档案馆在提出之初和数字图书馆建设目标比较一致，随着社会信息化发展对档案事业影响增大，数字档案馆发展的方向已经发生了质的变化，从以馆藏档案数字化为主要建设目标，到能接收归档电子文件并有效管理，保证其真实性、完整性和长期可读性。数字图书馆建设同样也在不断深入和发展，最初，对数字图书馆概念和建设目标的认识也是将现有图书资料数字化，作为一个海量的数字资源库在互联网上运行，一个国家只需建立一个庞大的数据库，数字图书馆的建设目标是整合互联网资源，变无序为有序。但是现在数字图书馆界普遍倾向于将数字图书馆建设成一个个相对独立的管理系统。数字图书馆是一个复杂的分布式海量数据管理系统，它利用当今先进的多媒体和网络技术，将分散于不同地理位置的不同载体形式的信息资源以数字化形式储存，形成有组织的数据库和知识库，对外提供高性能的检索服务，实现资源共享。如同传统档案馆与图书馆存在相同之处和不同之处一样，数字档案馆与数字图书馆的建设内容和运行方式等同样有共性和不同之处。

1. 关联性

档案和图书都是信息社会重要的数字资源，数字档案馆和数字图书馆的基础和管理对象都是数字化的信息资源。在建设数字档案馆的过程中，数字档案一方面来源于接收立档单位的归档电子文件；另一方面就是对现有馆藏档案中珍贵的、利用频率高的、易受损的档案进行数字化转换。数字图书的来源也有两个方面，就是新接收进馆的电子图书和将馆藏的珍本、善本等图书转换成电子形式。

数字档案馆和数字图书馆本质上都是一个复杂的数据管理系统，是一个大型的数据库，都具有接收、整理、储存、检索、提供利用等基本功能。

2. 差异性

第一，数字档案和数字图书的数据类型存在显著差异，数字档案类型众多，有文本、图像、各种类型数据库、CAD、电子邮件、音像、多媒体等，而数字图书一般只有文本（占绝大部分）、图像、多媒体等少数几种类型。这样一来，数字档案馆的管理系统就会比数字图书馆管理系统复杂得多。第二，和传统档案馆、图书馆保存的档案、图书一样，档案存在地区差异，具有唯一性，而图书中善本、孤本则很少，馆藏基本类似。这一点可以说，除了国家图书馆和部分科技图书馆外，建设数字图书馆过程中的数字化工作任务非常轻，只须购买已有的数字图书资源就行。而档案馆的数字化任务则非常重，而且数字化后，主要以图像数据格式保存，这样中小型数字档案馆存储所需的空间也很大。第三，数字档案馆和数字图书馆的管理方式存在差异。由于档案和图书面向社会的政策和需求不同，因而数字档案馆的管理相对封闭，一般采取"三网一库"的建设模式，"三网"采取物理隔离的方式。数字图书馆则完全开放，直接与国际互联网挂接。第四，安全性要求不同。数字档案馆不仅要防病毒、防黑客，而且要采取异地备份、镜像备份等措施，防自然灾害、突发事件可能对数字档案馆造成的损害。第五，数字档案馆在保证馆藏数字档案的真实性、完整性、长期可读性、法律凭证作用等方面也有特殊的要求。

（三）数字档案馆的定位

目前关于数字档案馆的定义，认识各有千秋，还没有完全统一。从有利于数字档案馆的实际建设，有利于建设的可行性论证、投资预算、功能设计等方面考虑，数字档案馆是适应信息社会发展需要，充分运用计算机和网络等信息技术手段，能够对数字（或电子）档案实施有效控制和科学管理的档案馆。关于数字档案馆的定位可以从两个层面上来认识。

1. 数字档案馆仍然是档案馆

数字档案馆仍然是档案馆，其对馆藏档案的管理功能没有改变，同样具有收集、整理、鉴定、保管、利用、统计、编研等功能，只不过采用的技术方法、管理手段、管理对象等有了较大的变化。

当前数字档案馆的规划、投入、建设，都是由地方单独完成的，与传统档案馆的建设模式并没有差别，而且这种状况在短期内是不会改变的。

2. 数字档案馆是信息时代的产物

数字档案馆的规划和建设是信息技术对档案事业发展影响和要求的必然结果。数字档案馆建设过程中要充分运用先进的计算机和网络等信息技术，配置先进的软硬件设备，研制高性能的信息管理系统；数字档案馆要解决信息技术发展和应用给档案管理带来的复杂问题，要保证归档电子文件的真实、完整、长期可读。

数字档案馆是电子政务、电子商务、单位办公自动化的一个必需的组成部分，是信息社会中档案管理新模式的集中体现，代表着 21 世纪档案馆工作的发展方向。

二、数字档案馆的规划与设计

数字档案馆建设是一项庞大复杂的系统工程，建设周期长，技术难度大，必须先做科学的规划与设计，并组织相关专家学者对规划与设计方案进行充分论证，才能保证工程顺利进行，少走弯路。

数字档案馆的规划主要包括预期达到的总体目标、分阶段实施的步骤、安排，建设的经费投入预算，需要配置的主要设备，管理系统的功能设计，风险评估等。

（一）与地方或部门信息化建设同步发展

数字档案馆的规划和建设必须与地方或部门信息化建设同步发展。档案工作是一项服务性很强的工作，档案信息化建设如果滞后于地方或部门的相关信息化工作，将影响整体信息化建设，同样，档案信息化建设也没有必要超前发展。数字档案馆建设是档案信息化建设中综合性强、难度大的工作，必须在地方或部门信息化发展到一定阶段，才能有建设数字档案馆的需求，才能启动这项工作，如果时机选择不恰当，档案工作将非常被动或造成极大的浪费。

（二）硬件配置

硬件配置应根据数字档案馆建设的需要先进行预算，再根据建设的进展和需要分期购置，在建设工期比较长的情况下，不能把所有的硬件设备都一次配备到位，因为计算机设备更新换代非常快，先行购置而闲置不用，将会造成极大的浪费。

数字档案馆硬件主要包括终端设备（微机）、处理设备（服务器）、存储设备（磁盘阵列、大容量硬盘、光盘等）、网络设备（交换机、路由器、网卡、网线等）、数字化设备（各种扫描仪、数码摄像机等）、其他（如打印机、刻录机、视频音频信息采集编辑设备等）。

（三）网络设计

网络及其相关计算机设备是数字档案馆运行的基础，和传统档案馆的库房、装具等设施类似，在数字档案馆的总体规划设计和硬件投入中，占有相当大的分量。从便于管理和安全等方面考虑，数字档案馆的网络设计宜采取"三网一库"的形式。三网分别是档案馆局域网、地方（或部门）政务网和公众网（国际互联网），一库是保存档案资源的大型数据库。档案馆局域网是数字档案馆的核心网，负责数字档案馆档案的导入、存储、管理、检索、利用等，在数字档案馆建设初期，档案馆局域网的网络功能并不需要非常强大，重点是单机功能，能保证档案的有效管理和运行。地方（或部门）政务网是档案馆和地方政府以及各立档单位链接和联系的纽带，应具备档案的接收、利用查询、档案局馆的电子政务办公等功能，该网络的硬件设施由地方政府或有关行业主管部门负责投资和建设，而软件功能的设计和运行则由档案局馆负责，政务网是各级档案局馆通过网络行使档案管理职能的主要渠道。公众网是数字档案馆与社会公众联系和沟通的桥梁，通过档案网站等形式开展档案利用服务、宣传档案工作，也可以通过公众网捕获重要数字信息资源，作为资料丰富数字档案馆馆藏。为保证数字档案馆运行中的安全保密，三网应物理隔离。

（四）数字档案馆功能设计

数字档案馆的功能设计在数字档案馆建设中占有非常重要的地位，可以说，数字档案馆建设成功与否，建成后运行是否达到要求，主要取决于其功能设计是否科学可行。数字档案馆的硬件设施不需要一步到位，可以根据需要和经费投入情况逐步配置。而数字档案馆的功能设计一旦确定，将在相当长的时间内决定数字档案馆的运行质量，而且轻易是不能改变的。功能设计是数字档案馆建设的灵魂。

数字档案馆的功能设计需把握几个原则：第一，系统性要强、整体性要好。数字档案馆要实现的功能很多，包含许多子系统，应正确划分各子系统，确定各子系统之间的界限和相互联系。由于部分子系统是分阶段实施的，还应该注意它们之间的衔接关系。数字档案馆的功能设计应采用系统工程的原理与方法。第二，灵活性要强、开放性要好。由于信息技术的飞速发展，数字档案馆建设过程中和运行后，数字档案的种类和数量以及管理技术方法都在不断变化，这就要求数字档案馆的功能设计能够适应可能发生的变化，系统应具备兼容性强、开放性好的特点。第三，正确处理先进与实用的关系。数字档案馆的功能实现需要采用先进的技术手段，但并不是越先进越好，应尽量采用成熟稳定的技术方法，多在功能设计上下功夫。

数字档案馆应具备传统档案馆的"收、管、用"三大基本功能和系统维护功能。

1. 档案接收

数字档案馆负责各类数字档案的接收、采集，主要包括三个方面内容：归档电子文件的接收、传统档案数字化、公众网数字信息采集。

归档电子文件的接收是数字档案馆接收功能中最重要的，也是实现技术难度最大的一项基本功能。要实现该项功能，除了采用先进的技术手段外，还需要提前对本地区、本部门目前已经形成的归档电子文件和将要形成的归档电子文件的种类、管理方式等有一个全面、系统的调查了解，才能为程序设计人员提供科学的、详细的接收要求。归档电子文件的接收应尽可能采用"打包"的方式，电子文件元数据同时接收，以保证归档电子文件真实、完整。

传统档案数字化功能的实现，目前技术上已成熟可靠，主要是解决资金、人员问题。档案数字化的设备投入应视现实需要来安排，摊子不宜铺得太大，中小型数字档案馆建设不一定要完全靠自身开展数字化工作，可以依靠大型档案馆的设备、技术、人员来进行数字化加工。

公众网数字信息的采集也是一项重要的功能，通过网络在线采集现有的各种信息资源库如国土信息资源、人口统计信息资源，采集各网站的网页、历史照片、重要新闻报道、统计数据、重大历史事件的声像资源等信息，作为数字档案馆馆藏资料保存。

2. 档案管理工作

档案管理功能主要负责对接收的各种类型数字档案进行整理、分类、管理，使大量无序的信息有序化。主要包括数字档案标准化、元数据著录、多媒体档案标引、目录管理、档案鉴定、档案迁移、报表打印、信息统计等。

数字档案标准化是对接收来的符合或通过转换使其符合一定规范如电子文件元数据标准、数据交换标准、文件的语言格式、数据交换的物理存储介质标准和数据交换的逻辑格式标准，其数字信息及其元数据，根据采集时所带的目录信息，采取一定的分类方案，将这些数据有序地存储到系统中。

元数据著录是对采集来的数字档案信息进行内容、结构、背景信息等相应项目的元数据进行检查和缺项补著录，建立元数据库。

目录管理是档案管理功能的核心，对数字档案的管理实际上都是通过目录管理来实现的，通过目录挂接原文信息，来实现对整个数字档案资源的有序管理。

档案鉴定是对数字档案进行批量的内容鉴定和技术鉴定，是计算机辅助人工完成鉴定的部分工作。内容鉴定是根据档案开发所必须具备的条件，档案价值判定、保管期限划分的标准，档案真伪鉴别的主要依据等要素，同档案文件的来源、类别、责任人、形成时间、存储介质等众多信息相结合，制定鉴定规则，利用计算机的智能技术，建立起专家智能鉴定系统，进行档案信息的批量辅助鉴定。在此基础上再由专家对辅助鉴定的档案信息进行直接鉴定，予以确认。技术鉴定是对电子文件各方面的技术状况进行全面检查，包括文件信息真实性、完整性、可读性分析以及对文件载体状况的检测。

档案迁移是数字档案管理的一项特殊要求，是为了解决数字档案长期保存和外部软硬件环境变化而采取的一项技术手段，目的是使数字档案能与外部软硬件环境相适应，从而保持数字档案的长期可读。主要包括档案信息资源变更登记、资源变更受理、迁出、迁入等功能。

3. 档案利用

档案利用是通过网络向用户提供利用服务，可以使具备上网条件的用户在任何地点、时间得到权限许可的档案信息，真正实现数字档案信息资源的共享。功能主要包括档案信息开发、综合智能查询、网站信息发布、光盘发布等。档案信息开发是进行档案信息的编研规范化和素材编辑。综合智能查询是可提供馆藏数字档案的文档、图形图像、语音资源、视频资源的查询阅览及虚拟演播等服务。网站信息发布能够将馆藏数字档案相关信息通过互联网进行发布，提供对外服务。光盘发布是通过光盘刻录等形式提供利用。

4. 系统维护

系统维护主要从保证数字档案馆系统安全运行方面考虑，从物理安全、信息资源安全和安全保密管理等几个方面着手：①数据转移、备份恢复。数字档案馆采用三网物理隔离的方式保证系统安全，因而无法直接进行网络连接，产生了信息隔膜，需要通过系统的导入/导出功能进行数据转移；数字档案馆的重要设备、系统软件、所有数字档案数据等都需要备份，服务器宜采用镜像备份，档案数据应采用光盘等载体进行异地备份。软件备份利用关系数据库自身提供的功能对元数据和存储文件的对象数据库进行备份恢复。②病毒防范。采用先进的防病毒软件适时对服务器和客户端查毒、杀毒，随时进行软件升级，并建立严格的防病毒管理制度。③身份鉴别、访问控制。身份鉴别和访问控制主要通过设置口令、密钥，安装智能卡，通过指纹、声音、视网膜等完成。凡是进行系统执行操作、档案网上移交、档案信息检索利用等都要进行身份鉴别和访问控制。④信息加密和完整性校验。信息加密主要指信息传输加密，防止移交/接收档案时，发生窃听、泄露、篡改或破坏等情况，加密方式通常有链路加密、网络层加密、应用层加密等。数字档案馆的信息存储一般不宜采取加密措施，防止因加密本身对档案的真实、完整造成损害，应尽量采用其他方式来保证档案的安全。信息完整性校验是采取适当技术手段如数字水印技术等防止档案被非法篡改、插入和删除。

三、数字档案馆的法规和标准建设

法规和标准是数字档案馆建设和运行的基础，是实现数字档案馆最终目标的最实质性的保障措施，它要对数字档案馆资源的标识、描述、存储、查询、交换、管理、检索和利用等各个方面做出一个统一规范，对数字档案馆各方面的建设具有总揽性。一方面数字档案馆建设要依照已有的法规和标准进行；另一方面，随着更多的数字档案馆建成后不断投入运行，也随着技术的不断发展、认识的不断深入，将会需要更多的法律法规和研制产生更多的技术标准。

（一）数字档案馆的法规建设

法规是数字档案馆建设的依据，与数字档案馆建设和运行直接相关的法律法规还较少，但我国档案法及其实施办法中都明确规定了"各级各类档案馆要采用先进技术实现档案管理的现代化"这样的条款，这就为数字档案馆的建设提供了法律依据。数字档案馆存在于复杂的社会、经济和法律环境中，在其建设和运行过程中涉及的法律法规问题很多，既有国内的，也有国际的；既有档案方面的，也有计算机等其他方面的，如知识产权、通信、隐私、国家安全、网络安全等。

（二）数字档案馆的技术标准

数字档案馆是信息时代的产物，其建设和运行所包含的技术含量与传统档案馆相比非常高，而且为了使数字档案保存长久、可读、共享，数字档案馆管理系统的设计建设必须在符合相关技术标准。从某种意义上讲，标准化是数字档案馆的生命线。

数字档案馆建设所要遵循和研制的技术主要分为两个方面：一是设计开发数字档案馆管理系统软件所要遵循的相关技术标准，主要是有关计算机软件设计方面的。二是有关数字档案的标识、存储、交换、管理等方面的技术标准。

有关数字档案的标识、存储、交换、检索、管理等方面的标准主要包括《中国档案机读目录格式》（国家标准）、《电子文件归档与管理规范》（国家标准）、《网站资源归档与管理规范》等。

第五节 建设智慧档案馆

一、智慧档案馆的概念

关于智慧档案馆的概念，档案界目前并没有一个统一的定义，有研究者从信息技术的视角对智慧档案馆的概念做出了界定，认为智慧档案馆是采用物联网、云计算等最新技术对多元化的档案资源进行智慧管理，具备感知与处理档案信息的能力，并且能够提供档案信息管理系统泛在化业务服务的新型虚拟档案馆。也有研究者指出，智慧档案馆是在大数据分析背景下的第四代档案馆，是继数字档案馆之后档案信息化发展的更高形式。但本文认为，智慧档案馆是指将物联网技术、云计算技术、大数据挖掘与分析等现代指挥管理技术渗透到档案管理的各方面，以多元化的档案信息资源为基础，实现档案管理与公共服务全方位的互通互联，进而为利用者提供高智慧化服务的更高级、更新型的模式。

二、智慧档案馆与数字档案馆的关系

档案在社会经济发展过程中发挥着十分重要的作用，因此档案的管理和发展也是非常关键的。随着科学技术的不断进步，信息技术逐渐应用到档案管理实践中，而智慧档案馆和数字档案馆都是信息技术快速发展形势下的主要形式，并且二者之间也存在着较为紧密的联系。本节在深入分析智慧档案馆和数字档案馆特点的基础上，对二者之间的关系进行了较为详细的阐述，希望对促进档案馆发展起到一定的积极作用。

（一）数字档案馆与智慧档案馆的基本情况分析

1. 数字档案馆

随着计算机和网络技术的普及应用，传统的工作方式在很大程度上得到了改进和提升。在档案管理工作过程中，传统的纸质媒介形式已经逐渐被计算机技术取代，数字化管理模式也逐渐在档案馆工作中得到普及，管理效率较之前实现了大幅度提升。数字化档案馆也正是在这样的背景下产生的。数字化技术可以将不同区域的档案材料进行统一集中管理，同时采用数字化的方式进行存储，这样用户在查阅档案信息的过程中能够更加便捷和高效。数字化档案管理技术得到了广大档案馆的欢迎，同时国家也在数字化档案馆建设方面给予了更多的扶持。随着数字化技术的不断成熟，档案馆的管理和工作效率也在不断提升，这对档案馆建设和发展来说是非常重要的。

2.智慧档案馆

信息技术的快速升级使当前的智能技术得到较为广泛的普及和应用,借助大数据和科学技术的优势,档案管理模式也发生了根本性的变化。在这样的形势下,智慧档案馆逐渐走进人们的视野。从当前的实际情况来看,越来越多的人开始对智慧档案馆产生兴趣,但是目前并没有研究成果能够对智慧档案馆做出一个清晰和明确的定位。通常人们认为,智慧档案馆是借助现代信息技术对馆内的档案资源进行规范化管理,与以往的管理模式相比,智慧档案馆的管理效率更高,符合当前社会发展的基本要求,能够在原有的基础上更好地发挥档案馆的服务功能。智慧档案馆的建设和发展以数字档案馆为基础条件,同时需要结合现代信息技术的优势,这也是智慧档案馆的主要特征。

(二)数字档案馆和智慧档案馆的不同之处

1.数字档案馆和智慧档案馆的定位不同

数字档案馆的主要发展目标,是利用先进的数字技术消除传统模式下档案管理工作的缺陷和弊端,提高档案管理工作水平,从而为群众提供更加优质的档案服务。同时,在数字化档案管理模式下,档案信息的安全性能够得到保证,这对促进档案管理工作发展具有非常积极的作用。因此,数字档案馆的发展定位为提升档案管理效率,保证档案信息的安全性。而智慧档案馆则不同,智慧档案馆是在智慧城市建设的背景下产生和发展起来的。而智慧城市的主要发展目标,是利用现代信息技术将城市中的公共基础设施连接起来,形成一个智慧网络系统,从而对传统的生活和工作方式进行创新。在这个系统之中,每个环节都需要达到一定的智慧水平,并且相互之间协调发展,最终构建起一个智慧平台。智慧档案馆正是整个智慧系统中的一个关键组成部分。所以,智慧档案馆的主要目标是服务于智慧城市的发展,而不仅限于提高档案管理和服务水平。

2.数字档案馆和智慧档案馆的服务水平不同

与数字档案馆相比,智慧档案馆的技术水平更高。因此,在提供档案服务的过程中,智慧档案馆明显具有诸多方面的优势。同时,由于技术水平先进、更加趋向智能化,在档案馆的管理和发展过程中,智慧档案馆的服务范围会更加广泛。借助互联网技术,智慧档案馆可以实现无线档案和宽带档案,并且可以借助信息技术实现对档案信息的感知。同时,将档案管理与互联网技术进行有机融合,促进档案管理实现平台化发展。在利用档案信息的过程中,智慧档案馆也表现出更加突出的优势。除此之外,相对于数字档案馆来说,智慧档案馆更加关注人们对档案工作的实际需求,同时将需要进行整合,为人们提供更具针对性的个性化档案服务。并且这种个性化服务的覆盖面非常广泛,可以帮助档案馆将多种不同的服务整合起来,最终形成一个健全的档案管理和服务体系。从以往的发展经验来看,尽管数字档案馆表现出了多方面的技术优势,但是在智能化技术不断发展的时代,数字档案馆的服务范围依然没有智慧档案馆广泛,二者在管理和服务方面还存在着较大的差距。

（三）数字档案馆与智慧档案馆的关系

1. 数字档案馆与智慧档案馆相辅相成

从以上分析中可以看出，数字档案馆和智慧档案馆之间存在着诸多方面的不同之处。但是从一定角度来讲，数字档案馆和智慧档案馆在本质上还存在较多相似之处。因为不管是智慧档案馆还是数字档案馆，都是以现代科学技术为基础，通过网络技术和智能技术实现的管理模式；并且与传统的档案管理模式相比，二者都是档案馆的创新发展模式，在未来仍然具有较大的发展空间。同时，数字档案馆和智慧档案馆是相辅相成、相互合作的关系。

2. 数字档案馆是智慧档案馆发展的前提和基础

智慧档案馆的服务覆盖面更加广泛，但是这绝对不意味着智慧档案馆就完全优越于数字档案馆。相反，智慧档案馆要以数字档案馆为基础，数字档案馆也是智慧档案馆发展的前提条件；如果脱离数字档案馆，智慧档案馆的发展也会受到巨大的影响。因此，可以说，数字档案馆是智慧档案馆的前提和重要保证，智慧档案馆是数字档案馆发展到一定阶段的产物。在发展过程中，智慧档案馆可以为数字档案馆提供更加先进的智能化技术支持，如在数字感知、智慧化服务方面帮助数字档案馆提升管理和服务水平。而数字档案馆可以在档案信息方面给予智慧档案馆更多的帮助，为智慧档案馆提供真实、准确的档案信息，提高智慧档案馆的发展水平。

尽管智慧档案馆中包含着大数据和物联网等先进技术，但是这些都是以数字化档案技术为基础的，所以数字档案也是智慧档案馆最为基础和重要的部分。如果没有数字档案馆提供的准确档案信息做支撑，智慧档案馆的发展就无从谈起。因此，从这个角度来看，数字档案馆和智慧档案馆是相辅相成的关系。所以，在实际的建设和发展过程中，智慧档案馆和数字档案馆都是不可或缺的，应该将二者进行有效整合，促进档案管理水平不断提升。

3. 智慧档案馆是数字档案馆发展到一定阶段的产物

从技术和服务的角度来看，智慧档案馆是数字档案馆发展到一定阶段的必然产物，是数字档案馆的更高级形式。也就是说，智慧档案馆是在数字档案馆发展的基础上融入更加先进的智慧化技术，从而能够更加高效地提供档案服务。智慧档案馆符合时代发展的大趋势，能够更好地满足时代发展的基本要求，是数字档案馆的更高级形态。

综上所述，智慧档案馆和数字档案馆之间存在着十分紧密的联系，二者是相辅相成的。因此，在发展过程中，应该充分重视二者之间的关系，共同发挥其在档案管理领域的作用，提高档案管理水平。

三、智慧档案馆建设中存在的问题及对策

智慧档案馆的建设实践为后续智慧档案馆建设打下了坚实的基础，引领了档案馆建设的潮流。从部分地方综合档案馆对智慧档案馆建设的探索中可以看出，政府以及档案部门对档案馆的升级转型都是十分关注和支持的。但是通过比较分析可以发现，目前智慧档案馆建设中仍然存在一定的问题。

（一）智慧档案馆建设中存在的问题

1. 地域性差别较大

目前，由于各地实际情况不同，各地对智慧档案馆的建设探索仍然是各行其是，尚未形成系统化管理体系。虽然智慧档案馆建设已取得一定的成效，但大范围的推广建设仍未实现。

2. 投入成本过高

进行智慧档案馆建设需要大量的人力、物力以及资金投入，不仅包括馆藏档案通过扫描实现数字化，还需要利用OCR文字识别等技术对档案信息进行深入分割处理，以达到能够进行数据挖掘的目的。再者，数据收集、处理、安全防护等各种平台的建立及传感、射频和其他设备的购入，都需要雄厚的资金链作为保障。除此之外，人员配备、工作者培训都需要一定的费用。档案部门档案信息开发受限，这在一定程度上阻碍了智慧档案馆的建设步伐。

3. 缺乏整体规划和明确的政策规范

由于智慧档案馆建设正处于初级阶段，对许多概念、技术等的研究仍不够透彻，而且各地档案馆建设都处于探索阶段且仍不成熟，所以对实现系统功能的要求、控制文件对象的程度、聚合档案资源的范围和智慧档案馆管理运作的规章流程仍不明确。智慧档案馆建设缺乏具有长期性、权威性、指导性的政策体系。

同时地方各自为政，致力于推动智慧档案馆建设，虽然取得了一定的成效，但是也存在着盲目建设的现象。

4. 存在人才引进问题

智慧城市背景下的智慧档案馆与许多先进技术融为了一体，这就要求新时期的档案工作人员需要对高新技术、网络环境等有较深的理解。因而有必要转变传统的档案管理业务模式，更新工作人员观念，追上时代的步伐。同时，智慧档案馆的转型升级需要引进大量熟知计算机、物联网、网络构成、协同管理知识的人才。

5. 群众参与度低

智慧档案馆建设为档案、档案工作更好地服务于人民群众提供了新的出路，但就现实而言，公众的参与度却并没有期望中的高。由于群众认知度低、参与度低，智慧档案馆建设尚未达到预期目的，未实现提供个性化服务、高效服务的目标。

除此之外，仍有许多不可忽视的问题。例如，目前档案学相关领域学者对档案馆的研究，仍集中于智慧档案馆的概念、智慧档案馆与数字档案馆的关系、智慧档案馆的技术与服务等基础领域，对智慧档案馆建设的研究还不够深入。档案部门对智慧档案馆的建设也仍处于探索阶段，缺乏相关的法律规范、资金、技术设备等的支持，智慧档案馆建设大都处在初级规划阶段，实践优势并未显现。

（二）智慧档案馆建设对策

智慧档案馆是档案信息化发展的必然产物，但我们也应该认识到，智慧档案馆建设并非一朝一夕便能完成的。这项长远的规划和长期的事业需要档案界人士共同、积极地探索和研究，通过分析智慧档案馆建设过程中的问题并解决问题，获得丰富的经验和理论支持。

1. 深入研究智慧城市背景下智慧档案馆建设理论与政策

虽然国内外已经有很多城市进行了智慧档案馆探索，但是现今仍没有完善的有关智慧档案馆的标准、规范出现。诚然，在当今社会，信息技术、社会需求不断变化，智慧档案馆的模式不再那么一成不变，但智慧档案馆建设仍然需要一定的标准和规范的指导。通过确定一定的标准准确找到档案馆转型的切入点，通过云计算构建智慧档案馆的数据处理平台，通过大数据对数据进行挖掘、存储和分析，通过物联网感知馆内环境，通过移动互联网提供基于用户自身需要的服务，推动智慧城市的建设与发展。

2. 整体规划智慧档案馆建设

整体规划就是在一定区域内，根据确定的要求所做的总体安排和布局。智慧档案馆建设也要有整体的规划和安排，包括找准智慧档案馆的定位、明确档案馆功能、确定档案馆构架等。智慧档案馆整体规划的制定要从当地实际情况出发，针对本单位的馆藏档案信息、设备情况、人员配备、资金支持、技术状况，考虑构建智慧档案馆的方向以及可能面对的问题；同时适当学习其他地方档案馆建设的经验、方法，灵活应用，做好整体规划。

3. 积极构建合作机制与平台

目前，各地数字档案馆和数字图书馆等都有了一定的发展，为智慧档案馆的发展提供了很好的借鉴。数字图书馆及数字档案馆在海量信息收集、存储、数据挖掘、信息检索、查询方面为智慧档案馆打下了良好的基础，通过学习已有经验、补充存在的漏洞，可实现智慧档案馆的健康发展，也为以后的"图情档一体化"打下坚实的基础。

4. 积极促进人员观念的更新和转换

智慧档案馆建设需要引进大量的物联网、计算机技术人才，也需要对原有的档案工作者进行培训，实现观念的更新与转换。这不仅包括从纸质环境下的管理理念向电子环境下、智能管理环境下的管理理念的转变，也包括从孤立封闭的保守观念向合作开放的共享观念的转变。通过人员观念的转换，改变档案工作者的思维方式、工作方式，推动智慧档案馆的转型升级。同时，注重对群众档案意识的培养，通过进行及时的政策普及、服务升级与宣传，让群众了解智慧档案馆，并享受到智慧档案馆提供的服务，让智慧档案馆服务于民，提供智能化、个性化服务。

信息时代的来临使智慧地球、智慧城市的理念相继出现，进而推动着档案馆优化升级并向智慧档案馆转变。这是继传统档案馆向数字档案馆转变之后出现的又一新趋势。智慧档案馆是档案信息化发展的必然产物，是档案馆的高级形态。虽然如今对智慧档案馆的研究仍处于初级阶段，智慧档案馆建设也处于探索阶段，并不完善，但这不能成为我们停滞不前的借口。如今我们应该进一步去探讨智慧档案馆的概念、技术、体系构架等知识，形成完善、成熟的理论，用理论去指导实践，进而取得智慧档案馆建设新成就。

在今后很长一段时间里，智慧档案馆都应是我们关注的重点。因此，档案部门要进一步探讨智慧档案馆相关理论，积极引进人才、培训工作人员，强化建设智慧档案馆、提供智能服务的意识，通过统一部署形成区域内智慧档案馆集群。同时，要以人为本，以用户的需求为首要遵循标准，积极对海量信息进行收集、整理、挖掘、管理，提供高质量服务、智能化服务，早日促成本地区智慧档案馆的建成。

思考题

1. 说说档案管理服务模式创新的重要性。
2. 简述档案管理中的服务模式。
3. 电子档案管理模式有哪些？
4. 档案数据库建设的意义是什么？

参考文献

[1] 王晓琴，芦静，任丽丽. 档案管理基础理论与实践研究 [M]. 长春：吉林科学技术出版社，2022.

[2] 卢捷婷，岑桃，邓丽欢. 互联网时代下档案管理与应用开发研究 [M]. 北京：北京工业大学出版社，2022.

[3] 毕然，严梓侃，谭小勤. 信息化时代企业档案管理创新性研究 [M]. 北京：新华出版社，2022.

[4] 马爱芝，李容，施林林. 信息时代档案管理工作理论及发展探究 [M]. 长春：吉林大学出版社，2022.

[5] 李平，张旭芳，陈家欣. 数字化档案管理与图书馆资源建设 [M]. 长春：吉林人民出版社，2022.

[6] 杨晓玲，张艳红，刘萍. 档案信息化管理与建设研究 [M]. 长春：吉林人民出版社，2022.

[7] 王瑞霞. 现代档案数字化管理研究 [M]. 长春：吉林人民出版社，2022.

[8] 黄亚军，韩国峰，韩玉红. 现代档案信息化管理与建设研究 [M]. 长春：吉林人民出版社，2022.

[9] 孙南洋. 人力资源管理专业毕业设计指导手册 [M]. 合肥：合肥工业大学出版社，2022.

[10] 周杰，李笃，张淼. 文书工作与档案管理 [M]. 延吉：延边大学出版社，2021.

[11] 李蕙名，王永莲，莫求. 档案保护学与科技档案管理工作 [M]. 沈阳：辽宁大学出版社，2021.

[12] 赵吉文，李斌，朱瑞萍. 数字图书馆建设与档案管理 [M]. 汕头：汕头大学出版社，2021.

[13] 周铭，侯明昌. 图书情报与档案管理学科基础教学案例集 [M]. 昆明：云南科技出版社，2021.

[14] 胡元潮. 档案管理理论与实践浙江省基层档案工作者论文集 2021[M]. 杭州：浙江

工商大学出版社，2021.

[15] 郭美芳，王泽蓓，孙川. 档案信息化建设与管理 [M]. 长春：吉林人民出版社，2021.

[16] 高莉. 图书馆管理与档案资源建设 [M]. 长春：吉林人民出版社，2021.

[17] 田亚慧，龚海洁，郝彦革. 高校干部人事档案信息化管理研究 [M]. 长春：吉林大学出版社，2021.

[18] 纪如曼，王广宇. 文书处理与档案 [M]. 上海：上海财经大学出版社，2021.

[19] 柳瞻晖，金洁峰，苏坚. 档案整理实务教程 [M]. 上海：上海大学出版社，2021.

[20] 郭心华. 档案资源建设与开放共享服务研究 [M]. 长春：吉林人民出版社，2021.

[21] 王巧玲. 非物质文化遗产档案资源建设引导策略研究 [M]. 长春：吉林大学出版社，2021.

[22] 吴晓红. 档案工作综合实践教程 [M].2 版. 北京：北京首都经济贸易大学出版社，2021.

[23] 周璐. 声像档案管理实务 [M]. 昆明：云南科技出版社，2020.

[24] 张杰. 信息时代下档案管理工作创新研究 [M]. 长春：吉林大学出版社，2020.

[25] 吴彧一，王爽，刘红. 高校人事档案管理实务与创新 [M]. 延吉：延边大学出版社，2020.

[26] 张鹏，宁柠，姜淑霞. 图书馆信息化建设理论与档案管理实践 [M]. 长春：吉林人民出版社，2020.

[27] 张玉霄. 数字档案信息资源安全管理研究 [M]. 长春：吉林大学出版社，2020.

[28] 李雪婷. 人事档案信息化建设与创新管理研究 [M]. 长春：吉林文史出版社，2020.

[29] 蒋冠，冯湘君. 服务质量导向型数字档案资源建设模式研究 [M]. 北京：知识产权出版社，2020.

[30] 林文兴，左晋佺. 暨南大学档案工作指南 [M]. 广州：暨南大学出版社，2020.

[31] 宛钟娜，王欣，何大齐. 文书与档案管理 [M]. 成都：电子科技大学出版社，2019.